U0896009

媒商十堂课

教你学会信息传递术

李颖 田香凝◎著

清華大學出版社
北 京

内 容 简 介

世界上只有 2% 的人意识到，他们的一言一行，一颦一笑，都在作为重要的信息构建着独一无二的“个人”品牌。如何组织和分发信息，成为摆在这些觉醒者面前的重大挑战。大到上市路演公开讲话，小到朋友圈里为老板点赞——全媒体时代正在以你来不及察觉和反应的速度挑战着你的个人品牌塑造。本书选取了率先觉醒的国内外名人和企业，用十堂课的时间，和你一起拆解他们的吸睛绝招，手把手教你如何生产和组织信息，并找到正确的媒介渠道进行分发、传播，帮你打造个人品牌，助你成为全媒体时代的觉醒者和弄潮儿。

图书在版编目（CIP）数据

媒商十堂课：教你学会信息传递术 / 李颖，田香凝著 . — 北京：清华大学出版社，2018（2024.7 重印）

ISBN 978-7-302-48926-9

Ⅰ . ①媒… Ⅱ . ①李… ②田… Ⅲ . ①传播媒介 – 研究 Ⅳ . ① G206.2

中国版本图书馆 CIP 数据核字（2018）第 082151 号

责任编辑： 张 莹
封面设计： 詹琼琳
责任校对： 王荣静
责任印制： 杨 艳

出版发行： 清华大学出版社
网 址： https://www.tup.com.cn，https ://www.wqxuetang.com
地 址： 北京清华大学学研大厦A座 **邮 编：** 100084
社 总 机： 010-83470000 **邮 购：** 010-62786544
投稿与读者服务： 010-62776969，c-service@tup.tsinghua.edu.cn
质量反馈： 010-62772015，zhiliang@tup.tsinghua.edu.cn
印 装 者： 涿州市般润文化传播有限公司
经 销： 全国新华书店
开 本： 155mm × 230mm **印 张：** 11.25 **字 数：** 129 千字
版 次： 2018 年 5 月第 1 版 **印 次：** 2024 年 7月第 2 次印刷
定 价： 49.00 元

产品编号：077253-02

目　录

第一课
媒商是全媒体时代的生存利器

在过去的十年间，人们从媒介上获取信息的渠道和方式发生了巨大的变化。曾几何时，我们要守在电视机前看直播才能与突发事件同步。在广州，市民们悠闲地喝着早茶，手里拿着一份日报，一度也成为这座城市的街头一景。放眼当下，多少人家中的电视机已经蒙尘，报纸也已经退订。就连前些年曾经牢牢占据舆论场重要位置的微博，也在为新的流量从哪里来而感到发愁。越来越多的人从微信上获取新闻信息，比如朋友圈和公众号，或者直接选择新闻客户端。然而，再过几年，极有可能又有新的媒介形式替代现有的微信、直播平台，甚至新闻客户端。

新的媒介环境，给每个人都提出了新的生存挑战；同时，也提供了更多的方式方法去帮助人们适应、调整。

你的新“特权”

信息是海量的，信息传播是快速的，信息关注的范围也已经从过去的公众人物、明星扩大到每一个人。是的，作为一个普通人，你也拥有了可能受到公众关注的“特权”。

2017 年 3 月 4 日晚间，来自北京地铁的一段视频在网络上广为流传。这段长达 2 分 21 秒的视频，疑似拍摄于北京地铁十号线列车车厢内。视频中一名年轻男子反复辱骂两名女子，并反复提及对方“外地人”的身份，而且脏话不断。其中一名女子准备报警，男子遂上前抢夺手机，双方发生推搡，女子最终被男子推出地铁车门。视频火爆流传，媒体纷纷跟进报道，涉事男子被各种“人肉搜索”，北京警方随后也介入调查。这名男子最终道歉悔过，又因其未满 18 周岁，依法不对其执行行政拘留。

2017 年 6 月 1 日，湖北武汉一位名校在读女博士，带着家人赶到机场，准备出国参加会议。结果因为自身的原因，错过了值机截止时间。在和机场工作人员沟通协调未果的情况下，这位女博士“情绪失控”，大闹武汉天河国际机场值机柜台，掌掴机场工作人员，最后被机场警方依法处以行政拘留 10 日。

这些曾经火爆一时的普通人，在热点褪去之后，我们甚至记不住他们的名字。他们是芸芸众生中的一员，在公众的热点视野中快速亮相也快速离去。但无疑，这样的经历会在他们各自的人生当中留下深刻的印记。我们每个人都生活在镜头包围之中，唯一不确定的是什么时候成为主角。而当我们成为热点人物的那一刻，你会发现那时候面对的舆论压力已经不是光靠简单解释就能够应付得了的。不仅要说话，还要有技巧地说，要把自己想传递的信息有效地传播出去。

并不是每个人都知道，在媒体关注之下，在公众场合之中，该如何表达自己。我们习惯了日常生活中和屈指可数的人对话，而当突然被曝光在聚光灯下时，面对的却是不确定的大多数人。他们不了解你的为人，只是知道你在某个热点事件中的角色以及你的基本个人信息。在某些极端情况下，他们讨论了 N 天之后，却有可能还不知道你的名字。但在舆论场上，他们可以发表观点，对你做出评价。他们不知道你是谁，却有可能清楚地记得你的样子，因为你的图片已经在网络上广为流传。他们对你的评价会给你造成巨大的压力。如何应付这种公众关注，也是一门专门的技术。

这时候，我们需要媒商。当有一天，你突然成为某个热点事件中的新闻人物，作为普通人的你，也需要了解如何面对公众以及如何与媒体沟通。需要指出的是，那些身处在某个特定行业的人们，比如警察、医生、城管、银行职员、国企员工、公务员、教师——数着数着貌似已经涵盖了社会中的绝大部分人——你们需要特别注意，当你的身份和事件中的角色发生关联，你受到的关注就会超过其他人；而当你在工作期间成为热点事件的核心人物时，你的一言一行，就在那一刻，成为你所在的单位、所在行业的唯一代言。

你想，或不想，舆论的关注就在那里。这时候，你需要提高自己的媒商，知道自己该如何面向公众表达。

当然，这里的媒商，指的还是狭义的媒商，特指全媒体时代，个人或者机构与媒体沟通的基本素质。但全媒体时代赋予你的挑战，还远不止如此。

你认为的私密也许是公共的

也许你会说，尽管有这个可能，但是作为普通人曝光在公众视野之中的概率依然很小。但如果盘点一下你每天的对外沟通，就会发现，隐藏的公众关注始终都在。这种媒介环境的变化，不仅发生在单纯的媒体领域，还包括我们熟悉和频繁使用的日常媒介工具。

你的朋友圈可能会有数百人甚至上千人的同时关注；你的单

条微博阅读量也可能达到数十万次；你在微信 500 人群里的发言会有 499 个观众——你就是一家小型媒体，和其他媒体的区别在于，你每天对外发布和传递的，大都是专属于个人的信息。而这些信息，通过各种各样的媒介渠道，到达各种受众，最后成为你个人品牌的重要组成部分。

在谈论媒商时，我们常会思考：现在的媒商，与过去的公开演讲、人际沟通，在技巧和策略层面，到底有何不同？最后的答案也许很简单。在过去，哪怕是公开演讲，受众人数众多，但依然是可以描述的，传播范围依然是可控的。但是现在，一次公开演讲，可以轻易地被直播出去，成为临时的公共广播。谁在看？谁在听？你完全无法预料。在过去，人际沟通有很多技巧，你可以有更多的方式让沟通更加有效，但是现在，你以为的人际沟通也许并不是人际沟通，而是公众沟通。事实上，公共与私人的界限正在越来越模糊，便捷、快速的传播工具，比如手机，正在成为打破这种界限的一把利器。

2016 年 6 月，一段来自山西某农商行通过当众打员工屁股进行考核的内部培训视频传遍网络。视频中，一中年男子拿着手臂粗细的木棍条，依次向台上的 8 位员工屁股处打去。不到 1 分钟时间，8 位员工每人挨打 4 下。其中，最靠右的一位女员工，在第三次挨打吃痛后，忍不住用手挡住屁股，却被该男子呵斥“把手拿开”。网民称，打员工屁股的是农商行的管理人员。这件事情对这家银行造成了非常恶劣的影响。尽管最后证明，打人屁股的并非是该银行高管，而是请来的外部培训师，但是依然导致涉事银行的董事长和分管副行长遭到停职处分。

内部、私下……这些人们认为应当限制信息传播范围的沟通，遭到了挑战和破坏。私下里沟通的微信，可以轻易地被截图，被放到公开的网络上去。尽管最开始截图的人不一定怀有恶意，但是一旦信息传播开来，却并不是某一个人或某一个机构可以完全控制得了的。

所以，这时候我们就需要广义的媒商：媒商是全媒体时代，个人或者机构对于信息的接收、采集、加工和发布的能力。广义的媒商，不仅仅限于媒体，而是媒介，会涉及多种我们生活中常见的信息传播渠道。

你的朋友圈、微信群，你的微博、个人公众号，甚至一次内部讨论或是一次破冰的自我介绍，都是媒介渠道组成的一部分。同样一件工作，为什么每个人汇报的效果就会不一样？为什么领导总为别人的朋友圈点赞？为什么别人提出的话题更吸引人？为什么他/她辛辛苦苦工作却总得不到别人的认可？为什么有的人抱怨就会得到安慰，有的人却只得到嫌弃？

不同的渠道，对应不同的受众，也应发布不同的信息，进行有针对性的“翻译”——让你的目标受众在合适的时间、合适的渠道接收到你发布的内容。这就是我们所说的广义媒商。

媒商是全媒体时代的生存利器

不管是狭义媒商还是广义媒商，都结合了当下现实的媒介环境。不管是与媒体沟通，还是私下里与朋友或客户沟通，在全媒体时代，都意味着会有一种潜在的、受到公众关注并在公众视野中受到审视的可能性。因而，在全媒体时代生存的我们，每个人都需要了解媒介的基础知识，了解公众关注的风险以及机遇，并结合自身信息，制定信息的接收、采集、加工和发布的策略。

媒商，会帮助你提前预防可能的风险，会帮助你更精准地选择有传播价值的信息，帮助你树立主动传播的心态而非被动地回应，帮助你让个体信息更加出彩，帮助你熟练地选择不同的媒介渠道发布不同的个体信息。媒商，会让你的信息传递更加主动和有效。媒商，是这个时代的生存利器。

狭义来说，媒商是全媒体时代，个人或者机构与媒体沟通的基本素质，是德行、智商、情商等在媒体上的综合呈现；广义来说，媒商是全媒体时代，个人或者机构对于信息的接收、采集、加工和发布的能力。

媒商首先需要的是一种美好的品德，以及将美好品德坚持下去的能力。不是要求每个人都能成为道德楷模，而是需要牢记一些基本的道德原则。

也许你认为这很简单。但是当事件发生时，媒体和公众关注的压力有时候会让人们不知所措，词不达意，更不要提还能记起那些原本该渗透在血液中的道德原则了。面对媒体，我们很容易惊慌失措，尤其在对方以一种质问和指责的语气发问时，我们很容易就忘记了一些基本的德行标准以及相应的表达。曾记否，在发生了重大灾难时，有部门负责人的第一句话是：“见到大家很高兴。”也曾有过，十几个人不幸遇难，负责人说，十几个并不算多，往年出现类似事故都是二三十人。还有过医生对着刚刚死去的婴儿父母说，婴儿在出生后的二十四小时内都处于危险期，所以这很正常。

以上这些表达，都显得冷漠和残酷，但其实并不意味着说出这些话的人都是冷酷的、不近人情的、没有道德判断的人。他们尽管对于一些基本的道德原则和道义有认知，但在危机来临、媒体登门的紧急情况下，却没有做到坚守，反而采取了个人利益优先，急于为个人或者个体机构进行辩解。有德行，不仅要在日常生活中践行，同样要在危机来临时刻牢记和坚守，做到言行合一。

亚里士多德认为，某种美好的品德会引起人们的好感。人们更容易相信一位德高望重的人，进而出于对这个人的信任和认同，去选择接受他传播的信息。这是人的德行和品格在沟通说服过程中所起到的作用。人们有时候做出决定，并不一定是因为建议本身，而是出于对某人权威的认同和道德的赞许。

所以，如果想让你的信息能够有效地传递出去，让人们更为信服，媒商给你提出的首要要求是要有美好的品德，并且能在危机发生时予以坚守。

在这里，我们还要着重强调一下“诚实”这项美好的品德。在人人皆记者、处处有记录的时代，任何一个词语、一句话都是证据。除非你已经撒谎成性，否则还是秉承诚实至上的原则更为稳妥。仅仅诚实还不够，还要很快地诚实表态，而且始终如一。不要等到真相自己跑出来，才发现为时已晚，所有的工作都将前功尽弃。

事实上，以美国为例，“讲真话，不撒谎，不掩盖”等公开运作原则适用于所有信息的对外公布。公开运作原则由美国福特总统新闻秘书内森阐述并持续使用至今。从内森上任的第一天起，他就总结设定了这样一套原则：讲真话，不撒谎，不掩盖，亲自公开坏消息，越早公开越好，并加上自己的解释。

全媒体时代，要诚实，不要说谎，因为谎言注定会被揭穿，区别只是谎言存活的时间长短。

媒商还需要智商层面的一些关键能力。对外传递信息进行沟通时，需要大量的信息做支撑，不仅需要对将要发布的信息熟记于心，还需要有清醒的头脑把各类信息进行整理、归类，并以完整的逻辑进行组织。在这一部分，不仅需要理解能力、记忆能力，还需要逻辑能力以及快速反应能力等。

全媒体时代，公众对于事实和观点并不一定全面掌握，有时会做出错误判断。你可能会感觉委屈，但如果需要进行反驳，那么你需要做到以下这些：理解对方真正想要表达的内容；理解对方的批判逻辑；在此基础上组织大量有助于说服对方的论据，然后牢牢记下来；随之用严密的逻辑组织论据去进行辩驳，而不是单靠情绪化的发泄；在此过程中，一旦遇到意外情况，还需要快速反应进行应对。

人与人之间智商上的差距也许并不明显，但是在情商层面，特别是在全媒体时代的情商层面上，不同的个体之间往往相差十万八千里，最后信息传递的效果也会迥然有异。媒商需要你在沟通时，不仅要顾及对面直接沟通的受众，还需要考虑到那些可能的、潜在的、更为广泛的公众。

这时，需要你拥有一颗同理心。古人常说，动之以情。只有在情感层面上，与公众和媒体产生共鸣，才能理解对方，才能获取对方的信任，才能使对方接受信息，改变态度。拥有同理心，不仅要理解对方语言中的道理和逻辑，还要理解对方的情绪和感受，还要能够换位思考，这样才能在信息传递策略时做出正确的选择。

同理心不是同情心，不是自上而下的情感施舍，而是在沟通时需要与对方换位思考，努力做到感同身受，将自身置于对方的境地和逻辑中去体会，才能够听懂对方真正想说的是什么。在彼此了解的基础上进行沟通，才能是有效的沟通。如果在态度、情感层面上，没有办法被对方接受，那么接下来要传递的信息都将被阻碍在这一环节，无法到达目的地。道德上正确，情感上共鸣，才可能做出恰当的态度表达。

站在聚光灯下的人们，往往缺少足够的时间去体会对方的感受。当指责来袭，很多人会下意识地逃避和抗拒，或者找其他的借口推诿；如果遭遇失败，则很可能会去揣测对方的动机。

一个刚出生几个月的孩子在接种疫苗时死亡。也许这是偶合反应导致，是在医学科学领域所说的百万分之几的正常概率范围内。但对于这个家庭来说，依然是百分之百的痛苦和损失。当家长找到接种中心时，看到了躲避的工作人员。一位匆匆赶来处理此事的卫生局工作人员直接用手遮挡住镜头。更有甚者，在沟通之时，不去安慰伤心的家属，而直接提出："你打算要多少钱？"这种速战速决的解决方案，无疑加深了相关机构与家属之间的误解和矛盾。

有些事情，我们运用理性和逻辑，可以很容易就找到对方接受的方案，整个事件的处理过程本可以驾轻就熟。但是在将方案与对方进行沟通时，就需要更多的情感介入。冰冷的沟通会有后遗症，甚至可能付出巨大的代价。冰冷的沟通，有时候不但不能解决问题，反而会激怒正在和你对话的另一方，最终成为解决问题的最大阻碍。

全媒体时代，情商尤其重要。信息流动速度越快，给予人们全面吸收、冷静思考的时间就越短。复杂的数据、技术词汇、科学解释往往不容易被理解，也容易被简化或歪曲，而此时正确的情感介入却可能快速地获取沟通对象的支持，并更加有效地将信息传递出去。

媒商，是全媒体时代的生存利器。即使是一个普通人也会有成为某焦点事件热点人物的可能，也会有私下沟通被意外公开的风险，以及个人信息被通过各种丰富媒介渠道传递出去的可能性。你的一言一行，都在构造着你的形象；你的一言一行，都有可能受到更广泛的关注。此时，就需要媒商——你需要理解媒介，知晓各种媒介渠道，有出色的处理信息的能力，有强大的同理心，还要有在危机时也能够坚守的道德准则。

十堂课会讲什么

为了能让人们更加熟悉媒商这个概念，笔者特地选取了多个故事。故事中的主角都是大家耳熟能详的人物。他们有的是商业巨擘，有的是娱乐大咖，还有的是行业龙头；他们的一举一动都在众人瞩目之下，也都曾经遇到过挫败、被误解或是被质疑，但他们都有自己的一套方法去适应现在的全媒体时代。

媒介环境的快速转变发展，给我们每个人都带来了前所未有的挑战，但同时也提供了更多的方式、方法和工具，帮助我们去适应。

理想的状况下，在适应的过程中，我们的语言会变得更有趣，更简练，更能突出重点；我们更能体味受众的心理期待，更有同理心；我们更能理解每一种媒介渠道的特点，更能根据不同的渠道筛选相应的信息，以便让信息传递更加顺畅。同时，谎言会越来越少。因为，只有长时间学习和理解全媒体时代，你才会知道——谎言最终没有办法生存。危机到来时，坦诚沟通，对舆论心存敬畏才是长久发展之本。

当然，这些都是理想状态，现实往往是残酷的。我们看到很多人明明做了大量的工作，但在汇报和展示的时候却显得笨拙和低效；看到一些人在公开场合表现局促，人们根本不愿意去听他们讲述；看到一些人在朋友圈里口不择言，实际上暗藏风险；看到一些人依然在镜头面前躲闪、遮挡甚至暴力抢夺镜头；看到一些人满腔诚意地说了几个小时后却只被人记住了一句错误甚至无关紧要的话语；看到一些人在突然成为焦点人物后，仓促回应却引来更多的质疑。

接下来的九堂课，每堂课都会涉及一部分和媒商密切相关的概念，每堂课都会告诉大家一些方式、方法和工具。每位读者都可以各取所需，希望会对大家的生活有帮助。

重点阅读：如何争夺别人的注意力

每个人都是这张信息巨网中的节点，接受信息的同时也在发布信息。那么，问题也就随之而来，当你对外发布信息时，如何能够让自己的信息更快、更有效地到达？换句话说，如何让你的信息脱颖而出？众说纷纭中，如何让你的声音被听到？

别人不想听你说话的时候，传统的传播渠道都被堵住的时候，只要你想说，没有人能堵住你的嘴；只要你好好经营合适的媒介平台，就能让更多的人听见你的声音。只需要，来一点媒商，了解媒介，了解媒介运作的规律，了解这个媒介时代，就可以更有效地将你的信息传递出去。

从这个角度来说，媒商是一种主动的心态，必要时需要突破重重阻碍，勇于将自己要表达和传递的信息传播出去。

很多人问，为什么我接受采访，刊登出来的与我想说的总是有偏差？他们的意思其实是，为什么那些我们认为重要的信息不能得到媒体和公众的关注？对这种感受最有发言权，并且适应、学习能力最快的应该是明星。有一位明星非常认真地拍摄了一部电影，她想借此向公众宣告“我不是花瓶，我是演技派”或者

“我其实很有思想”，但是最后发现，人们问她的永远都是与爱情、绯闻、美貌有关的问题。

事实上，不仅是接受采访，即使是在日常生活中的沟通，也常常发生观众记住的与讲者所想表达的中心思想南辕北辙的情况。别人不是你肚子里的蛔虫，接收信息时也都受个人的喜好影响。

这是一个信息爆炸的时代，我们还必须要接受这样一个现实：重要的事情都在，但是人们能够分配的注意力却越来越有限。眼球经济正在变得越来越重要。我们的任务从“告诉公众什么是重要的”，逐渐改变为“我们的工作比其他人的更重要”。这是一场关于公众注意力的战争。

更不要提在一些特殊的情况下，一些人刻意地扭曲你的发言。这种情况下,就更要严格限制自己对外的内容设计,并进行“翻译”和改装，让信息本身更具吸引力。不注意就有可能将错误的信息或信号传递出去，让自己或所属机构处于不利环境。

一些人表现羞涩，认为传递信息是被迫之举，是窘迫的、被动的应对，直到不得不站出来的时候才会站出来。但其实恰恰相反，这种沟通应该架构在主动的、开放的心态之下。关于注意力的战争，在全媒体时代，每个人都被卷了进来，谈何防御？每一次对外表达，都在释放不同的信息，到达不同的利益相关方，最后产生的效果会对发布者本人带来意想不到的影响。

✧ 首先可以做的，是让信息本身更有吸引力

我们可以借用媒体在筛选信息时的一些标准来进行改装。媒体和记者在挑选信息上有着超出常人的敏感。他们每天在做的工作就是和竞争对手抢夺读者和观众的注意力。

时新性，即最新发生的事情。人们总是想知道最近发生了什

么，而对于一年前、几年前的老旧信息不那么感兴趣。最理想的情况是，你举了一个正在发生的例子。

接近性，身份、地理位置上贴近会让人产生额外的兴趣。医生关心医疗的新闻，教师关注教育相关的新闻，上海人喜欢关注和上海有关的事情。

重要性，比如对人们的生活会产生重大影响的信息。公司人事部门的领导，即使说的信息已经是老生常谈，但获得的注意力可能依然要比其他部门更多，因为他的讲话往往会牵扯到公司员工的福利和奖惩。

显著性，“最出色”“最坏”的事情比平平淡淡的事情要值得关注。就像在看体育比赛时，人们永远只记得冠军是谁，却很少有人记得亚军和季军一样，我们总习惯关注那个最典型、最突出的人和事。

最后还有趣味性。想想你每天看新闻时，是喜欢阅读那些数据、报表还是喜欢故事或八卦？后者显然更有趣。

这五个标准只是最基础的，至少可以帮助我们剔除掉大多数平庸的、无趣的、冗余的信息。

✧ 在对信息进行基础的改装之后，你需要考虑的是，释放信息的顺序，也就是说，你要设置议程

在大众传播研究中有一个著名的理论叫作议程设置。“议程设置”出现源于“议程设置功能”假说，最早见于美国传播学家麦库姆斯和肖在 1972 年发表的《大众传播的议程设置功能》一文中，通过研究 1968 年美国总统选举期间就传播媒介的选举报道对选民的影响形成一项调查报告。“议程设置功能”（the agenda-setting function）为人们提供这样一种解释：就物理视野和活动范围有限的一般人而论，这种关于当前大事及其重要性的认识和判断，通

常来自大众传播，大众传播不仅是重要的信息源，而且是重要的影响源[1]。也就是说大众传媒往往不能决定人们对某一事件或意见的具体看法，但可以通过供给信息和安排相关议题来有效地左右人们关注某些事实和议论的顺序。

同一件事，先说什么，后说什么，公众获取信息和事实的顺序也有可能会塑造和改变公众对于一件事的判断与态度。一件事情，先说什么，后说什么，会影响人们最终的态度和观点。

所以，需要想清楚，手里的这些信息，哪一条应该先说，哪一条应该放在后面，据此开始逐步设置自己的议程。

✧ 下一步，是我们都熟悉的一句现代谚语：重要的事情说三遍

重复往往能加深印象。重要的事情说三遍。我们要学会用不同的方式反复讲述同一个故事，或者使用同一句话或者标题以加深印象。不断重复强调的事件会被定义为当前紧要事件，往往会受到更多的关注，公众也最有可能记住这些常听到的信息。你要始终围绕想要传达的意思，不断重复重点，将所有的回答都与之联系起来。人们总是容易记住那些影响了他们、激励了他们的东西、他人的经验、形象的描述。比如说“像一辆货车一样大”就比只是“大”这个形容词更能给人们留下深刻印象的描述。列出证据，如事实、数据、事例、逸事、引语和故事。

✧ 最后，你还要准备一些让人眼前一亮、记忆深刻的词句，可以用于标题，突出亮点，增强传播效果

可以想出一句很妙的引语，或是“Sound Bite”标题句加以运用，以使你的发言更加生动。“Sound Bite”是指对某个重大事

1　郭庆光．传播学教程 [M]. 北京：中国人民大学出版社，1999：213-214.

件发表的简短精练的讲话，它通常貌似现场的临时发挥，但其实多数情况下都是事先准备好的。特别是在电视或广播节目中，这些片段会被不断地重复。

这是一场关于注意力的战争。要让自己的信息更引人关注，能够在合适的时间节点出现，从而实现更有效的表达。

课外故事：意外出名却几近“身败名裂”的普通人罗尔

2016年新闻中的反转和打脸之王莫过于“罗尔捐款门”。罗尔曾经是一家杂志社的主编。他从一名普通人到最后几近“身败名裂”，只用了20天左右的时间。

2016年11月的最后两天，罗尔为患病女儿筹集治病费用的新闻走出深圳，成为全国公共舆论场的热点事件。引爆这起事件的是罗尔撰写的《罗一笑，你给我站住》一文。在文中，罗尔写道：笑笑再次病危，又进了重症监护室，而重症室的费用，“每天上万块”，“我们花不起这个钱”。罗尔在文中叙述自己正在“跑各种各样的证明，盖各种各样的章，办笑笑的大病门诊卡，申请小天使救助基金”，“这以前，我不想占政府的这些便宜，一分钱都不想占，现在我也不想占，我只想用这种方式告诉笑笑，爸爸正在竭尽全力，你一定要等着我”。“罗一笑，不要乱跑，你给我站住！要是你不乖乖回家，就算你是天使，就算你跑进天堂，有一天我们在天堂见了面，爸爸也不理你！”

从2016年11月25日到11月30日，短短5天的时间里，《罗一笑，你给我站住》刷爆网络：单篇文章转发、点赞均超十万次，在“打赏”封顶的情况下，捐助者加微信给罗尔发来的红包甚至多到因“来不及收而沉底”。人们过于踊跃的捐款行为，一度触发系统 bug，导致微信打赏单日 5 万元限额失效。罗尔在短时间内竟筹得善款两百余万元。

但随后，有人扒出罗尔曾在公号里称自己有三套房、两辆车，还有一家广告公司，质疑他为何不卖房，却打“卖文救女”的苦情牌？就此引发“诈捐”讨论。还有“知情人士”曝光罗尔女儿实际治疗花费仅数万元，且涉事公司“转发一次，捐款一元”暗藏营销商机。舆论在一上午的时间里就发生了逆转。罗尔就此站在了舆论的风口浪尖之上。

全媒体时代的考验，是针对每一个人的。当你意外站在公众关注的视野之中，你是否知道，该怎样去讲自己的故事？文章的火爆、捐款的汹涌以及随后的爆料，显然超出了罗尔最开始的预计。文章中透露的细节开始在全民放大镜中受到严格的审视。

2016 年 11 月 30 日，在接受《北京青年报》记者采访时，罗尔针对网友的质疑回复称，女儿患病属实，目前仍在重症监护室接受治疗。他确认拥有三套房产，但称“两套在东莞的购于 2015 年，价值约 120 万元，但还没有拿到房产证，所以不能出售”。而对笑笑的医药费问题，他也承认 2016 年 9 月和 10 月的费用报销后，目前自己仅支付数万元，但他称“女儿进入重症监护室后，很多器具和治疗不在报销范围内，因此日后的花费不能确定”。

而同一天，深圳民政局率先表态，称已介入调查。负责为罗尔女儿提供治疗的深圳儿童医院发表声明，对笑笑住院信息以及花费进行了公开回应，同时字里行间蕴含温情。通报披露，笑笑一共住院三次，截至 2016 年 11 月 29 日，住院总费用合计为 204 244.31 元，其中医保支付 168 050.98 元，自付 36 193.33 元，三次平均自付费用占总治疗费用比例为 17.72%。20 万元的治疗费用，自付部分仅 3.6 万元——声称每天上万元开销到自付仅 3 万，数字之间的巨大差距引发网上一片哗然，众多网友纷纷指责罗尔

“诈捐”。

2016 年 12 月 1 日，微信官方与罗尔及其朋友共同发表声明，通过微信打赏所获捐款将全部原路退回。如果此事以罗尔道歉、捐款退回为结局，对于事件参与多方来说，尚可接受，但几天后，罗尔再次接受了媒体采访，又因言语间不当措辞引发了新一轮舆论质疑。罗尔在采访中回应“为何不卖房救女”时表示：“深圳这个房子以后是要归儿子的，我是不能卖的。东莞买的房子包括酒店公寓，酒店公寓署名是我现在老婆的名字，另外还有一个就是东莞的一个住宅楼。这个房子要等儿子大学毕业以后，他参加工作以后，我就想把东莞市区的房子给儿子。”

对于做出全部退还网友打赏金的决定，罗尔表示：“我希望能早点平息，能因此而平息，但问题是好像还很难说。”另外，对于经过了这场风波，是否还会选择在自媒体发表文章，并接受打赏，罗尔称：“打赏关了，写文章我肯定再写，我写文章一直这么写，就是把女儿治病的经过写出来，使我女儿长大能看到这些文字，其实也是对女儿的一种祝福。能看见的话，就意味着她就没事了，这关就过去了。还是有一种愿望，还有祝福。”

网民对此次罗尔的表态总结为：“房子留给儿子，文字和祝福给女儿。”这让本已日趋缓和的民意再度沸腾，对其指责与批判甚至超过之前。

此后几天时间内，罗尔撰写了长文披露事件前后的心路历程，称“我错了，但我不是骗子，却在网民声讨中成为真正的骗子”。

“我本来就错了，不必刻意为自己掩饰和辩护，我只有老老实实为自己的错误买单。所有的补救措施都于事无补，在网民愤怒的声讨中，我成了货真价实的骗子。我结结巴巴不断地对来自全国各地的记者说说说，想努力证明自己不是骗子，结果，我越说越像个骗子。”

罗尔本身是媒体人，深谙传播规律，但是当他自己成为新闻人物时，面对公众和媒体表达依然显得慌乱。他用文章争夺了媒体和公众的注意力，但却不知道得到这种关注之后的挑战和压力。罗尔事件最开始偏离其自定轨道，起因是信息的不准确与不公开。罗尔一开始夸大了医疗费用开销（每天上万元），当院方用数据（个人支付 3.62 万元）反驳时，罗尔最核心的求助诉求已经瓦解，连带着后续所有其他回应都被蒙上了一层疑云。

罗尔捐款门，是一次新闻反转，也是一次及时提醒。在互联网时代，信息传播的每一个的环节都会影响最后的结果。在这一过程中，只有对信息传播的规律、特征及时总结，对出现的漏洞及时弥补，对出现的误解及时澄清，才有可能护送信息准确、高效地到达。

下断言：使用肯定语气
感染力：采取宏大叙事
冲突性：打破惯常思维
精准传达奋斗目标
精心选择有对比性和冲击力的数字
幽默感：调节气氛的玩笑
用标题句吸引眼球
巧用数字心理学
根据不同场景来定制结论主旨
给出模糊感知，快速得出结论
通过个人经历传达自身理念
为已有事物重新下定义
提供戏剧化的细节
创造自己的逻辑框
用故事建立共鸣
发明创造新概念
马云

第二课

妙语如何连成珠——破解马云演讲的幕后招数

课 前 引 导

网络上曾经流传着一个非常“气人”的段子：“不知妻美刘强东，普通家庭马化腾，悔创阿里杰克马，一无所有王健林。”文字间的巨大反差，引发了网民们的狂热关注。而这些企业家的故事，也伴随着段子，一遍一遍得到传播，广为流传。高高在上的成功企业家，慢慢走下高台，成为人们谈论和打趣的对象。而关于企业自身或是产品，也在这广泛的讨论中，逐渐被人们记住。

“悔创阿里杰克马”这个外号源自 2016 年第二十届圣彼得堡国际经济论坛。当时，主持人问马云的第一个问题就是“人生最大的错误是什么”。马云笑着说，“你想听实话吗，我人生中最大的错误是创立了阿里巴巴！”话一说出口，就被网友编成段子在网上传疯了。

细心如你总会发现，很多与杰克马的爆款新闻都来自他的公开演讲。高峰论坛、峰会、研讨会……这些很多人都曾经经历并为之发愁的场合，却成为马云最主要的发声渠道之一。

在全球的商业战场上，有一个新的趋势：企业家越来越像演说家。我们随便掰掰手指，就能数出一大串颇具演说家特质的中外富贾。为什么会出现这个趋势呢？这是因为信息化时代，企业家演说已经成为一种社会化营销模式，在一方演讲台上，他们向整个世界输出着独到言论，成了企业和产品的形象代言人。

放眼中国，企业家中最成功的演说家非马云莫属。缔造阿里巴巴一代传奇的他，早就坦言自己不懂编程、不懂财务也不懂设计，但没人能否认，他十分懂演讲。他的演讲有着强大的理念感召力，或是谈商论道，或是勾画未来，或是激励人群，他的每一次演讲几乎都会席卷各个媒体平台。

马云从少年时期就开始锻炼自己的交际能力和演说功力，从外宾导游到学联干部，再到后来的大学教师，乃至企业领导者，他摸索出了一套属于自己的表达风格。

从马云身上，我们可以看到高媒商在发挥着作用。以演讲为渠道，他用特有的马氏话术调动、说服了无数听众，也给自己和企业带来了更多流量。当我们也被推到“请你说话”的位置上，就要像马云一样用媒商去说话，并说得漂亮。

一、说不完的标题句

对于新闻记者来说，马云一定是一个非常理想的采访对象，因为他总能说出让人眼前一亮的句子。

2017 年 7 月，马云在全球女性大会上发表演讲，不少新闻稿都采用了他的原话做标题，例如：“我下辈子想当女人，生俩孩子”“女性将占领世界，于是她们首先占领了阿里巴巴”“男人会把公司做大，女人会把公司做好”……这些话带给了读者很大的想象空间：他这样的富豪为什么想当女人？女性为什么能占领世界？为什么女人可以把公司做好？这些看似和惯常思维相冲突的观点往往能激发大家的兴趣，而他也会在演讲的过程中一一阐释这些观点。

同样，马云几次参加贵阳数博会，他关于贵州的言论也颠覆了人们的认知："如果大家错过了 30 年前广东、浙江的投资机遇，今天一定不能错过贵州！""如果贵州可以，你为什么不可以？"常人印象中，贵州的地理位置、人力资源、基础设施都并不优越，为什么偏让马云如此看好，这些都会勾起人们的好奇心。

可见，马云"生产"的标题句第一大特征就是"冲突性"，他特别会用反常识的观点抓人眼球，这些观点一亮相就自带话题度。

除此之外，马云的演讲中令人印象深刻的还包括各种预言和断言。他的演讲中很少使用"应当""大概""大多数"这样表示限定的词汇，而更多使用"相信""坚信""肯定""最"这样的关键词。

马云曾表示，想要引导别人相信，首先自己要坚信。所以他的演讲中少了一些滴水不漏的严谨，而多了一些直截了当的断言。无论是猜想、假设、预计还是期待，他都会用果断而肯定的语气说出来，例如：

"20 年以后，或者 30 年以后，《时代杂志》封面人物，本年度最佳 CEO 是个机器人。"

"我坚信互联网会影响中国，改变中国。我坚信中国可以发展电子商务。我也相信电子商务要发展，必须先让客户富起来。"

"我们相信，这些年轻人和中小企业将给我们带来精彩的未来。我相信未来新技术将是年轻人和小企业的机会。"

而为了进一步加深语言的感染力，马云还偏爱使用"梦想""使命""责任""团队"这样宏大叙事的语言，这样的语句都有着相当高的内涵度和外延性[1]，让读者、听众可以从自己的角度进行解

1　张志 . 马氏话术——马云内部讲话全解析［EB/OL］. http://www.chinavalue.net/Media/Article.aspx?ArticleID=105102&PageID=1.

读，例如：

“阿里的使命是让天下没有难做的生意。”

“我们要让阿里巴巴成为员工幸福指数最高的企业。”

“员工要具备历史使命感，使命越长，企业活的越长。”

最后，马氏标题句还有一个显著特色，就是良好的幽默感。恰到好处的玩笑话在调节演讲气氛的同时，也增添了一些让人回味的关注点，例如：

“阿里成功的秘诀是：我们有很多女人！”

“我们的 IPO 挺小的，才 250 亿美元。”

“商场如战场，但多亏了我学了太极，你打我上面，我就攻你下面。”

总结来看，冲突性、下断言、感染力和幽默感是马云制造金句的要点，他的语言非常明确、具体、有激情，并且万变不离自己坚守的目标，这样很容易赢得受众的信任和好感。

二、创造自己的逻辑框

在传播学中，有一个著名理论叫议程设置。简单来说，传播者可以通过供给信息和安排相关议题来有效地左右人们关注某些事实和议论的顺序。

马云便是一位优秀的议程设置大师，听他的演讲，受众们总会在不知不觉中走进他的逻辑框，被他带动着进行思考。

马云曾在一次演讲中表示，他观察了淘宝数据，发现：全球代购中，女性专注在儿童用品、母婴、家居生活、家庭度假等方面，以家庭消费为主；而男士更多关注外卖、手机、电脑、网络游戏和车。因此他得出了一个小结论：女性考虑家庭和别人，男人只关注自己。而进一步来说，他认为：考虑别人，让世界更美好、让别人更快乐，是 21 世纪做企业成功的必备条件。所以他的最终结论是：女性比男性更能把企业做好。

从“女性以家庭消费为主”到“女性可以做好企业”，这个逻辑演进其实并不能经得起推敲，给出的论据也无法支撑最终结论。但就现场演讲来说，没有人会认真揣摩每句话之间的关系，所以貌似合理的推断就足够有说服力。

这样类似的论断还有很多。马云曾发表过这样一个关于年轻人的观点：“在过去，如果你说服老人，年轻人会跟随；在现在，如果你说服年轻人，父母会跟随。所以如果你改变了年轻人，你就改变了未来。”他擅长先给听众提供一个模模糊糊的感知，然后在观众没反应过来的时候快速得出结论，观众是不会思考年轻人和老人之间是如何相互影响的，只会认识到年轻人才是未来。

还有的时候，为了更好地部署自己的逻辑框，马云还会不断下定义和创造新概念。

他在演讲中经常使用自问自答的句子来承上启下。比如：“什么是机会？看到别人没看到的好处和灾难就是机会。”“什么是战略？就是做未来最重要的事情，坚持理想，坚持正能量，坚持乐观，坚持脚踏实地。”这样的定义可以说是相当不严谨，不过对马云来说没关系，因为他下定义的目的是支撑上下文的故事，让观众知道按照定义走的好处或没按定义走的坏处。

除了重新定义已有名词，马云还提出过一个全新的概念，叫“爱商”（LQ）。他表示做好一个企业除了需要必要的智商（知识结构）和情商（处事能力）外，还需要爱商。他口中的爱商就是有担当，替别人着想，可以赢得别人尊重，有利他能力。其实“爱商”这个概念和“责任感”或是“服务意识”类似，但后两者明显不如前者吸引眼球。马云的聪明在于将已有的枯燥概念合并再创造，包装出一个新的、更有传播力的概念去影响受众。

三、讲故事建立共鸣

和所有的出色演讲家一样，马云也特别擅长讲故事。会讲故事可不简单，有研究显示，人们的大脑会像电路板一样按照故事的类型处理和储存信息，故事对人脑来说是不可抗拒的，因为它激发了人们的想象力。所以演讲家们总喜欢用故事调动观众的思维记忆，与他们建立心理上的共鸣。

几乎所有看过马云演讲的人都表示，听他讲话是一件轻松的事，因为他总能用一两个小故事让自己走下亿万富豪的神坛，和观众们拉近距离。

在贵州演讲时，他先从自己对茅台酒的热爱入手。他发现之所以当地人擅长酿酒，是因为偏远山区生产的粮食难以运出来，所以农民用这种方式来保存粮食。进而通过过去的交通闭塞，来对比如今贵阳的逆袭。

而每到一个高校演讲，他都不忘提一句："× × 大学是我当年非常想考的学校，但是我考不上。"的确，马云讲过的故事中，流传最广的就是自己失败的经历。他让听众们了解到，从小到大，他是以一个 loser 的身份成长的：他花了 7 年才读完小学，想进重点初中、重点高中都失败了，考大学考了三次才去了杭州师范，而找工作时更是失败了 30 多次。

不止如此，马云还用了更多戏剧化的细节来描述自己如何被拒：高中毕业后，他想去肯德基找份工作，24 个人去面试，23 个被录取，他是唯一一个没被聘用的；然后他试着去考警察，5 个人考试，4 个人被录取，他又是唯一一个没被聘用的。

这些挫折经历被他在不同场合重复过很多次，但难得的是，他会根据场景的变化来定制不同的结论主旨。面对学生，他说："年轻人要用欣赏的眼光看自己，关心自己，改变自己。"面对国内的中小企业家，他说："要习惯失败和被拒绝，才会比一般人更有韧性。"而面对美国听众，他说："应该是上帝想让我自己做一番事业。"——对他来说，故事只是引子，最终要针对不同的对象升华主题。

除了通过讲述自身经历拉近好感，马云在演讲过程中也很少使用专业词汇，更多地通过一个个小故事来传达自己的理念。

企业规模大了以后，很容易犯僵化的毛病。对此，他讲了一个故事："70 年代末我在杭州学英文，在西湖边上，老外说你们广播操很好，我就教他们广播操。教完之后我回过头来看看，他们也回过头看一下，我一笑，他们也一笑，我弯了一个腰，他们也弯了一个腰。第二天表演，所有人做这个动作的时候，所有人都转回头，笑了一笑，弯了腰。这就是习惯。当时做这个动作时傻傻的，于是越来越傻，越搞越大。"[1]

而谈论阿里全球购计划的成果时，他没有一味引用销售数据，而是讲了两个细节："加拿大总理来访阿里巴巴时说，帮我们销售加拿大海鲜吧——于是那年'双 11'我们销售了 9 万只新鲜龙虾，72 小时就从加拿大抵达了中国消费者家中，之后差不多 3 个星期的时间里加拿大市场上都没有龙虾了。"还有"美国大使问我们能不能销售樱桃，我们说能，72 小时内樱桃就送到了 8 000 万个家庭手中。更有趣的是之后几天我们收到了很多投诉，抱怨说这么好的樱桃、这么低的价钱，为什么不能继续下单了——他们还想买。"

通过这样口语化的生动故事，马云让抽象的概念和数据变成更具化的生活体验，观众可以在听故事的过程中随时进行脑补，

1 张志. 马氏话术——马云内部讲话全解析［EB/OL］. http://www.chinavalue.net/Media/Article.aspx?ArticleID=105102&PageID=1.

更切实地感受到他想传达的信息，不自觉地认同他的观点。

四、巧用数字心理学

马云虽然不喜欢在演讲中罗列数据，但他并不回避使用数字，有时候甚至会利用数字来击戳受众隐匿的痛点。

图 2-1　具体的数字、崭新的概念，会让你的信息更有说服力

他曾在多个场合表示，他的目标就是让公司可以生存 102 年。为什么是 102 年？因为阿里巴巴公司是在 1999 年诞生的，在 20 世纪存活了 1 年，再经历 21 世纪共 100 年，而 102 年意味着公司将经历 3 个世纪。

马云明白，如果只是说，“这个公司要存活 100 年”，那没有人会认真对待这个观点，因为每家公司都会有类似的豪言壮语，所以这个数字需要很精确。马云一直在不断重复这个别出心裁的目标，对入职满 5 年的员工，他提醒大家还有 97 年的路要走，在公司成立 8 周年的日子，他强调还有 94 年要奋斗。通过这个方式，马云让员工在好奇中记住了自己的梦想和要求，让他们感到自己正在参与历史。

除了精准传达奋斗目标，马云还喜欢强调团队的数字规模。他几乎在每一年的内部讲话中都会提到员工数量，从 5 千人，到 8 千人，再到 5 万人。讲完现有员工人数他还不忘强调，阿里巴巴之后会成为有 15 万员工的公司。马云没有直接向员工们鼓吹他们加入了一个多么优秀的团队，而是通过数字巧妙地提醒他们，现在和将来会有多少人选择这个团队。

数字给人的感受往往很直观，却也容易让人感到枯燥。仔细观察马云在演讲中选择使用的数字，都是非常有对比性和冲击力的。

他曾说过：“在盈利方面，2002 年的阿里巴巴全年目标是盈利 1 块钱，今年的目标是每天收入 100 万元人民币，实际上，今年全年的现金盈利将超过 1 亿元。”1 块钱、100 万元和 1 亿元，这 3 个差距显著的数量级，显然是经过精心选择后才说出来的。

类似的还有，“在之后的 20 年里，我们希望为 20 亿客户服务，我们希望为世界提供 1 亿工作，让 1000 万的小企业家在我们平台上盈利”。这些没有明确依据的数字，在演讲过程中配上毋庸置疑的语气就变得极其具有威慑力、权威性，听众不会思考 20 亿客户、1 亿工作机会是怎样的规模和概念，只会感受到这串数字背后的霸气。

课后总结

通过观察马云的演讲，我们会发现演讲也是一种高效的媒体渠道。一场出色的演讲就是一次成功的心理按摩：你要根据媒体偏好来抛出语料，针对不同受众来定制故事，还要学会巧妙编织一个逻辑框，让人们跟着你的思路走，心甘情愿地接受你的信息。

当你学会了这些技巧，就离媒商大师更近了一步。

现代社会的企业家们形形色色。有的为人低调，却养在深闺人未识；有的喜欢高调，天天公开露面讲述人生理想。不同的企业家有不同的选择。而像马云这样的演讲大师，则与阿里自身的社会化营销相得益彰。传递正面信息时，企业家个人可以作为代言，作为引领，形成新的热点话题，随后企业营销跟上，不断从话题的深度、广度挖掘，使概念能够深入人心；出现负面危机时，企业品牌和公关部门作为前线部队，及时回应，如果仍得不到舆论谅解，为公众所熟知的企业高层领导还可以作为最后一道防线，以个人信誉为企业背书。

当然，如果企业家自身媒商不够高，不了解当下的媒介环境，经常说错话或是带错队，那么反而会对企业产生负面影响。在全媒体时代，企业家的媒商至关重要。

从这个角度来说，媒商之于企业家应该是一种战略。信息的发布与传递，之于企业也应是一种战略，伴随着企业的发展。

重点阅读：公开演讲的几个好习惯

公开演讲是个人媒商最直接最综合的体现。台上的若干分钟是专属于你的、用于说服别人传递信息的时间。一次成功的公开演讲，会是企业家或者企业塑造品牌形象的绝佳机会。而公开演讲如果遭遇失败，哪怕只是一个错字或是技术故障，都有可能对企业形象产生破坏。

✧ 公开演讲，你首先要关注的是非语言的因素

从心理学角度分析，沟通是人与人之间或人与群体之间思想

与感情的传递和反馈的过程，以求思想和态度达成一致。美国传播学家艾伯特·梅拉比安曾对于沟通提出一个公式：沟通时信息的全部表达 =7% 语调 +38% 声音 +55% 肢体语言。

全媒体时代，所有媒体都非常注重画面感，所以一定要注意形象，适宜着装。最好提前到场，熟悉场地，放松心情。正式开始前要检查仪容仪表。

意大利影星索菲亚·罗兰说：“你的衣服往往表明你是哪一类型，它代表你的个性，一个与你会面的人往往自觉地根据你的衣着来判断你的为人。”

在服装色调选择方面，可以选择穿着纯色和浅色的衣服，但不要是纯白或纯黑的衣服，中间色最为理想。不要穿褐色、格子花呢、有条纹、过分花哨或颜色刺眼（除非你想达到特殊的戏剧性效果）的衣服。细碎格子的衣服也不要穿，在电视镜头中会发生晕染效果，影响画面。不要穿那些俗气的、鲜艳而且质地反光的衣服。

对于女性而言，不要在衣服上佩戴太多饰物。例如，戴过分炫耀的耳环就会将人们的注意力从你要表达的内容上转移开。对男性来讲，不要穿比领带颜色更深的衬衣。

目光接触，是人与人之间最能传神的非言语交往。“眉目传情”“暗送秋波”等成语形象说明了目光在人们情感交流中的重要作用。

适当的眼神接触和交流，会提升形象，彰显人的自信与淡定。如果眼神总是四处游离，或者不敢与对话者直视，则会显得人内心逃避、怯弱、有所隐瞒或者傲慢，从而让人质疑你所说信息的真实性与可靠性。但如果一直盯着对方，则又显得过于强势，要适当地转移一下视线，然后再回来。

除了眼神，你还要注意语速和语调。有一次，意大利著名悲剧影星罗西应邀参加一个欢迎外宾的宴会。席间，许多客人要求他表演一段悲剧，于是他用意大利语念了一段“台词”，尽管客人听不懂他的“台词”内容，然而他那动情的声调和表情，凄凉悲怆，不由得使大家流下同情的泪水。可一位意大利人却忍俊不禁，跑出会场大笑不止。原来，这位悲剧明星念的根本不是什么台词，而是宴席上的菜单。这个例子用诙谐的方式侧面阐述了语调的巨大威力。

一般情况下，柔和的声调表示坦率和友善，在激动时自然会有颤抖，表示同情时略为低沉。不管说什么话，阴阳怪气，就显得冷嘲热讽;用鼻音哼声往往表现傲慢、冷漠、恼怒和鄙视，是缺乏诚意的，会引起他人不快。语调平淡，会给人感觉说话时无精打采，不能给人信心。如果长时间演讲，容易使听者转移注意力。语调最好能有所起伏，在需要重点强调的词句处在语调上进行强调。“我们今年的目标是年度销售额达到 30 亿元。”在说到“30 亿元”的时候，可以选择放大声音、放慢语速、提高音调。

语速要适中，偏慢。语速过快，意味着思维高度运转，但实际上留给自己的思考时间却缩短了，容易把不该说的话说出来。要将语速适度放慢，从容表达。语速过快往往有几种情况。一是习惯，这类人往往思维敏捷，但在公开场合演讲，还是尽量放缓；二是紧张，总想把之前诵记的内容快速背诵出来；三是急于辩解，比如就某个话题有些特别想说的话想表达出来或者认为对方有误解，这时容易快速表达。

不要运用一些对于普通公众来说不熟悉的商业或科技术语，或是一些缩略语。避免运用太多的数字，这会使观众觉得无聊而转台。当你必须运用数字时，可以使用大概的数量，以便能更好地被理解。例如，不要说“四十四万四千”，可以改为“约为五十万”。

✧ 提前到场适应现场环境

很多重要人物，即使工作再过繁忙，也会选择在演讲前亲自到现场去适应环境。一些感觉不舒服的现场布置可以提前调整，同时还可以增设自己特别需要的设备，比如提词器等。

演讲现场会有各种各样的机器设备。但对于没什么经验的人来说，却是巨大的干扰。有时候，灯光一打，人就会不由自主地紧张，从而无法集中注意力。工作人员之间的交流、调试设备，都会成为一种压力源。这种情况下，一定要给自己多一些适应的时间，学会屏蔽掉外部干扰。

平时可以在家做些小练习。录下来的视频会让你特别吃惊，你会发现很多自己从来没有注意过的小细节。有的人喜欢不停地眨眼，有的人喜欢眼珠乱转，还有的人一激动手势就会特别丰富。这些小动作、微表情，在大多数情况下都是无意识的动作。但是一旦放到大屏幕上，这些小动作、微表情反而会成为整体画面的一部分，严重地影响传播效果。

✧ 学会和你对面的观众打个“亲密”的招呼

一位朋友曾经在北京参加过一个小型沙龙。让她感到意外的是，演讲的嘉宾竟然在一开始就可以叫出三四位听众的名字。而且在后续的演讲中，还临时增加了与现场观众有关的新内容。这让现场的观众都为之着迷。事实上，很多重要人物都有个好习惯，即在演讲开始之前对听众的背景进行了解，并且挑出一两位点名或是重点讲述。这样做的好处在于，能够一下子拉近和现场听众之间的心理距离，让听众感觉受到关注和重视，从而促使人们更认真地倾听。

不过,这种打招呼的方式一定要准备好,否则会弄巧成拙。《对外大传播》杂志登过这样一个故事[1]。美国前总统里根常常记不住记者的名字，而在美国要显示总统有为、亲民，他必须要能叫出常驻白宫的记者名字，这可难坏了七十多岁的里根。新闻办公室的工作人员帮他想了很多办法，可里根还是记不住。新闻官员于是决定给记者安排固定的座位。通常是几大电视网和大通讯社的大腕记者坐在前排。新闻官员事先会告诉里根，应该让坐在第几排第几个座位的记者提问，因为这几个记者会提“友好的”问题。所以，人们在电视上经常看到，里根面带笑容，从容地对着某位记者一指，回避掉叫出他或她的名字。但这种把戏也有演砸的时候。有一次，美国报业集团——赫斯特报系的一个资深记者被安排到一个特定的位子上，以便提出一个便于回答的问题。可到了新闻发布会开始时，不知何故，他缺席了，那个位子就被另一名记者占了。说来也巧，这一次里根不知哪里来的自信，决定要叫记者的名字。于是,人们从现场直播的电视上看到,里根用手一指,叫道：“鲍勃。”大家顺着他手指的方向看去，电视镜头也对准了那位记者，但是没有回应。信心十足的里根指着那个记者，抬高嗓门说：“我叫你呢，鲍勃·托马斯先生。”这当然立刻引起新闻发布厅里一阵大笑。

公开演讲是一次集中体现个人媒商高或低的绝佳机会，不仅要注重媒体镜头上的画面设计，还要同时兼顾与现场听众之间的交流。提前养成一些好习惯，无疑会帮助你的信息更有效地传递。

1　黄友义 . 美国白宫故事：让里根总统头疼的新闻发布会 [EB/OL]. http://news.sohu.com.cn/20051102/n227371050.shtml，2005-11-02.

课外故事：为什么百度用户体验部总监的演讲被喊太 low？

2016 年 7 月 1 日，2016 国际体验设计大会峰会演讲在北京国家会议中心举行，峰会演讲环节可以说是持续 4 天的大会重磅的环节。

这届大会峰会演讲嘉宾包括了 Uber 美国总部全球产品设计总监、微软美国总部首席设计官兼副总裁、通用电气首席用户体验官等国际交互设计界大牛和优秀产品的操刀手。国内嘉宾部分，有唐硕、滴滴和百度的体验设计总监。

数千名观众从全国各地云集现场，13 位全球嘉宾发表演讲，无论是大会现场还是嘉宾演讲内容都相当高大上。然而百度用户体验部总监刘某的演讲，却因为内容过 low，一度被在场观众当众要求下台，随后又引发了业内人士在知乎等社交网络上的嘲讽。

总结刘某的演讲表现，可以发现他犯了以下几个大忌：

✧ 毫不正式的形象

刘某上台演讲的服装是非常休闲的蓝色 T 恤加白色短裤，虽然互联网公司对行头向来要求不高，无论是乔布斯还是扎克伯格都有休闲装扮上台演讲的习惯，但身着短裤上台进行公开演讲，在任何地方、任何行业都是极为不妥的。与其他西装革履的嘉宾相比，刘某的装扮显得相当突兀。

✧ 没有把握内容尺度

刘某的演讲中口语化的内容非常多，但并没有达到与听众拉近距离的效果，反而显得啰唆和没有逻辑。例如他的演讲开场白是："那呢我也想说，那我也分享一个吧。刚才呢，就很多朋友是说英文的，是吧？有说非常高大上的，那我呢，就分享一个接地气的。"这一段没有实际意义，也无法吸引用户注意力的话，显得既不得体又非常多余。

另外，他在演讲中所挑选的故事和选择的表达方式也尺度欠妥，甚至被人诟病为"恶趣味"。例如，在 17 分钟的演讲中，他花了 1 分钟来讲自己特别不喜欢"美工"这个称呼，然后说："我们经理就说，这个其实呢，人家说美工呢，是一个好听的词儿，是一个美丽的人呢，在工作。"这个故事既不幽默，也没意义。类似的话还有："互联网开始'加'一切，就跟肉夹馍一样夹一切……""一个厨子问我，我能做 UI 设计吗？我说欢迎欢迎，你要是学得很好的话呢，百度外卖就欢迎死你了！"在所有听众都期待干货分享的现场，这样的过度幽默不仅不会加分，反而会带来负效果。

最引发争议的是他对身边女同事的调侃，他在演讲中放了四张百度美女设计师的照片，然后说："很多人看到这儿就会问，是不是因为她们颜值高所以才进的我们团队呢？不是的！她们在进我们团队之前呢，长得都可丑了，后来就被我们传染了，颜值这个大大的 improved。"虽然我们都知道美女效应可以吸引注意力，但这个数千人的正式会场，并不是适合调侃女同事的正确场合。

刘某演讲尺度的失控，告诉我们：适度调侃是幽默，过度调侃就是尴尬了。

✧ PPT 设计不精

作为用户体验部的总监，刘某的演讲 PPT 设计并没有考虑用户体验。和其他演讲嘉宾的 PPT 相比，刘某的内容呈现，被很多专业人士指为“没有基本的设计感，甚至有设计硬伤”，存在着逻辑不清晰、字体不居中、配色风格差等基本问题。在用户越来越倾向于直观化信息的今天，信息图表、PPT 成为重要的信息渠道，很多重要演讲需要精心打磨展示素材，刘某的呈现却没有让人感到诚意，而是敷衍。

◇ 生硬插入广告

在演讲的最后，刘某在几乎没有提供太多干货的情况下，还生硬地打了一个广告，放上了一个巨大的二维码来宣传自家产品。好的演讲本身就是一次成功的广告，而生硬的广告对于失败的演讲来说则是雪上加霜，也是在这个环节，现场观众开始大喊“你太 low 了，下去吧”。

总而言之，刘某的这次失败的演讲再次点醒我们，当你站在演讲台上时，很少仅仅代表自己，还代表背后的团队、部门、公司甚至品牌。不要忘记自己的身份，随心所欲地将演讲看作个人行为，你的态度、呈现内容和演讲的综合水平都是公司形象的一部分，稍不谨慎，就有可能伤害公司的品牌。

根据自身特点进行定位
出身经历
个人性格
企业结构
浪漫故事的流量增量
危机发生时转移注意力
持续的话题跟进：
牵手、领证、婚礼、生子
全民热议的恋情
刘强东夫妇
优化原有形象
改变公众人设、角色分工
夫妻共同成为企业符号
带动更多流量
提升衣品外形

第三课

因势利导讲“故事”——刘强东夫妇的“人设”变化

课前引导

对于一家公司来说，在推崇信息差异化的今天，独特的风格形象愈显重要。企业是经济组织，但归根到底是人的组织，因此企业领袖往往作为企业人格化的代表符号出现在公众视野。

因人而了解一家企业，因企业而了解人。在个人化营销以及企业营销的双重作用下，信息传递得以效果最大化。与传统营销方式不同的是，企业家的个人表现，并不一定与产品紧密结合，而更倾向于讲述故事以及传播理念。在全媒体时代，一个企业家的媒商高低，会决定其个人以及企业的品牌塑造方式的优劣以及传播效率高低。理解媒体，理解企业面对的公众，并与个人特质相结合，才可能讲出全媒体时代成功的企业故事。

马云之于阿里，扎克伯格之于脸书，马斯克之于特斯拉……我们很容易将一家公司等同于企业领袖个人。但当提到京东时，也许你不单单只想到刘强东，还会想到他的太太——曾经因为一张手捧奶茶的照片而走红网络的“奶茶妹妹”章泽天。

几年之前，刘强东给人留下的还是在商界单打独斗的印象，而伴随着那场全民瞩目恋情的发展，他本人乃至整个京东的公关策略都在悄然变化。刘强东是怎样从乡亲口中的“大强子”，变成谈笑风生的 Richard 的？他们夫妇二人又是如何处理媒体关系，联手带动流量的？

企业、企业家与媒体的关系、与公众的关系，并不是一成不变的。而是跟随企业发展战略以及企业家个人的成长，不断调整、变化的。全媒体时代传递信息，一招走天下已经是一件不可能的事情了，现今需要的是不断地洞察舆论走向，抓住公众的注意力“痛点”。而当企业家一旦成为企业鲜明和闪亮的符号时，哪些信息需要为公众所知？哪些需要不断强化达到企业家和企业品牌效应的“共振”？哪些信息需要淡化？这就要重点考察企业家和企业的双重媒商高低了。

一、行走在一线的“带头大哥”

刘强东出生于江苏宿迁的一个小农村，自小家境贫寒。草根创业的他自诩为“苏北阿甘”，从不掩饰自己的农民出身。没有海外背景、没学过互联网技术、在中关村练摊起家，很长时间内，他在努力将自己身上的“土”字，打造为接地气。

2007 年，京东年营业收入不到 5 亿元，这家电商公司决定“自建物流”，走上了资产重组的道路，这一举动招来业界的纷纷唱衰。顶着巨大压力的京东从最早只有 10 名员工，发展成了后来遍布全国的配送体系，而为这场战役冲锋陷阵的正是京东数万名配送员。

刘强东对此心知肚明，他在不同场合反复为公司的快递员队伍做宣传，说他们敬业、服务态度好、对公司用心。来自农村家庭的他，天生有一种对劳动者，特别是一线员工的尊重，无论在社交媒体上，还是在员工大会中，刘强东始终对快递员以“兄弟”相称。

在他的微博中，“配送员兄弟”的出现频次非常高。每一场价格战、大促销、赈灾救援行动中，他都会感谢兄弟们的辛劳付出和支持。当有配送员获得荣誉时，他会积极发文鼓励，当有配送员遇到困难时，他也会在第一时间伸出援手。他还在微博上说过：“从创业那一天起，我就从来没有准备重新穿上皮鞋！”与之对应的是，他经常“潜伏”在基层岗位上体验前线员工的生活，担任过快递员亲自送件，还在物流仓库做过分拣工作。

除了这些“表面文章”，刘强东也在用实际行动赢得人心。网上流传甚广的一段视频中，刘强东到宿迁分公司视察工作，在参观员工宿舍和食堂时，他“一去就怒了”。他在分公司的大会上说，4 人间和 6 人间的员工宿舍太拥挤，卫生间蹲坑上面就是淋浴，食堂后厨没有空调，师傅开窗做饭就会进苍蝇……这些细节他都注意到了。他向管理层强调，“我们不能跟工厂比”，给员工建的宿舍应该是高级白领公寓，生活和就餐环境要安全舒适，要让员工工作得有尊严，感受到公司对他们的尊重。

事实上，京东是少有的在全国范围内尽可能为员工配备宿舍和食堂的企业，宿迁分公司的设施是类似一般大学的配置，但刘强东认为，对于京东来说这还不够。按照他的指示，京东对全国的员工宿舍和食堂进行全面排查，对生活环境不合要求的区域进行重新规划或升级。[1]

一年之后，宿迁分公司入驻新大楼，里面有七百多间公寓，均为可以拎包入住的精装修，公寓内还有休闲服务中心、健身区、

1 刘强东再次发飙：我的员工怎么能住工厂宿舍！［EB/OL］. http://news.pedaily.cn/201611/20161106405047.shtml.

图书区等。新闻一出，刘强东立刻获得了“壕气”的评价，不少网友调侃：京东还招人吗？

类似有人情味的政策还有很多，例如为在京东工作五年以上的老员工提供医药报销，在京东内部为员工的宝宝成立“托幼中心”，分文不收。这一系列“实在”的举动，既为刘强东在企业内部打下了群众基础，也再一次巩固了刘强东在公众视野中的形象。

可见，不同于马云“神秘教父”，马化腾的“科技宅男”，刘强东的角色更像是一个“带头大哥”，他呈现出来的媒介形象，也和公众的心理距离更近。在公开演讲中他不常阐述愿景和炒作概念，更多地在讲述自己如何做事，当其他 CEO 在员工大会上大谈未来科技时，他却是举着酒杯红着脸说：“兄弟们永远在一块儿，共同战斗到退休！”这样的形象策略和话语技巧，是他根据自己的出身经历、个人性格和企业结构等多个因素调整的结果。

另外值得一提的是，对待家乡，刘强东同样走的是“真金白银”的路子，吸睛力十足。例如，每年春节他会给村里 60 岁以上的老人每人发 1 万块钱，在老家建立了京东呼叫中心和物流中心，解决了大批人的就业问题等。其实刘强东对于宿迁的贡献，远抵不过马云对江浙地区的影响，但刘强东做的事讨论度似乎更高，这根源上是生活环境的差异，马云对杭州不过是“锦上添花”，而刘强东却在直截了当地“雪中送炭”，显然后者带来的传播效应和快感更强。

二、浪漫故事的流量增量

如果没有“奶茶妹妹”，刘强东应该会一直走重情重义的“大哥”路线。而“奶茶妹妹”的出现，让京东的关注度呈量级增长，最终成了企业公关策略的重要组成。

2013 年，刘强东到美国哥伦比亚大学进修 8 个月，其间与章泽天相识相恋。章泽天 1993 年出生，家境优越，南京外国语学校毕业后进入清华大学，她上中学时因为一张手捧奶茶的清纯照片走红网络，被称为“奶茶妹妹”，有网友将她划入中国第一代网红的梯队。

和大多数昙花一现的网红不同，章泽天因为长相靓丽又就读名校，整个大学生活都备受瞩目。她入学军训时的照片在网上流传，她的一条丢失饭卡的人人状态被疯狂转发，她当实习记者进行采访自己却成了新闻，更有传言称她要当“谋女郎”、主演电影《左耳》等。事实上，她是一个自带热搜体质的女孩，从没进入过娱乐圈，却常常在娱乐版露面。

刘强东与章泽天相差 19 岁，恋情刚刚被曝光时，网民在震惊之余也纷纷表示不看好。两人起初对关系持否认态度，但随着感情的升温，他们开始越来越频繁地出现在公众视线中。

“东哥”与“奶茶妹”，一个是霸气的钻石王老五，一个是清纯的名校大学生，当现实中出现了这样的“霸道总裁与白富美”的故事时，很快就会成为全民热议的话题。人们对刘强东的常规印象中，忽然掺进了财富、人性与荷尔蒙，有“奶茶”的地方就有巨大的话题度。

于是，从美国约会到北京领证，从澳洲拍摄婚纱照到香港生下女儿，刘强东虽然嘴上说不希望大家炒作自己的私生活，但实际上他们正不可避免地经历着从未有过的万众瞩目，他本人也第一次登上了娱乐版。

从外部时间线来看，和章泽天有关的话题，多次与京东的热点新闻同时爆发,形成影响力共振。但也有可靠消息说,所谓的“奶茶营销”更多的是“无心插柳柳成荫”，幕后其实并无策划。舆论场上，各种外部因素影响甚多，作为企业，特别是备受关注的企业，难免会被拿来做文章，有时要主动谋划，有时要顺势而为，其实并无一定之规。

2014 年京东 IPO 前夕，网上忽然出现了一则“刘强东可能在现场向奶茶妹妹求婚”的传闻，让京东上市的喜庆色彩更加浓厚，也赚取了公众的眼球，虽然当天章泽天并未现身。

2015 年初京东元旦大促期间，凭空有爆料称刘强东和章泽天分手，并支付 3 000 万元分手费的消息，后来被官方澄清。这个节点也令网友直称“凑巧”。

2015 年 5 月，京东在中关村开设了一家京东智能奶茶馆，主要用来做智能硬件展示以及创业孵化器。彼时互联网咖啡馆风头正劲，京东也在寻求一个落地空间，既然自带头条，京东就顺势营销开起了奶茶店。当天刘强东和章泽天携手出席，媒体都聚焦在了“奶茶妹妹”无名指的婚戒上。

在两人秘密筹备婚礼期间，央视《每周质量报告》翻出京东售卖翻新 iPhone5C 的旧账，一天后，就有媒体曝光了两人在悉尼拍摄婚纱照的消息。尽管没有任何证据表明，拍摄婚纱照的消息与丑闻曝光有直接关系，但实际效果是，婚纱照的喜讯的确冲淡了翻新手机的丑闻。

而在两人宣布领证后不久，章泽天在朋友圈透露了自己怀孕的消息，当时正值京东“双 11”期间，她也为自家活动打起了广告 :“据说 11 月 3 号京东母婴满 499 减 250，俺决定多囤一点等待小宝贝降生。”

图 3-1　东哥和奶茶妹的浪漫故事，为企业增加了额外的曝光和流量

到了 2017 年，生完女儿的章泽天开始以老板娘的身份更加频繁地出现在公众视野。京东每年的“618 大促”都是一场硬仗，章泽天理所当然地站台支持，直接代言了京东自营的服装品牌。也是在“618”期间，网上突然曝光出章泽天在大四第一学期的六级成绩单，关于她六级成绩和英语水平的讨论也引来一片口水战。

难怪开始有论调称：“刘强东 + 奶茶 > 阿里公关部”。因为在娱乐八卦当道的今天，刘强东和章泽天的恋情很容易成为全民茶余饭后的谈资。而随着恋情的升温和发展，又会出现越来越多可以继续发挥的空间。这样既有全民性又有持续性的话题，是在企业圈和科技圈都可遇而不可求的。其他企业花大价钱砸下的事件营销，也抵不过浪漫爱情故事带来的免费流量。

三、改变形象管理

当然，刘强东夫妇的“捆绑营销”，获得的并不是一味的正面评价，一路走来也遭到了不少竞争对手的非议。但不能否认，两人的公众形象和角色分工是在不断调整和尝试中被优化的。

从外在形象上来看，刘强东瘦了，章泽天的衣品提升了。

物质过剩的时代，几乎每一位获得巨大成功的CEO都不会对自己的身材放任不管，健硕的体型被不少人看作成功标配，也是自制力和时间管理能力的重要指标。刘强东之前算是微胖界的一员，游学美国那一年他经常在微博上晒自己的减肥餐，透露自己一共减重36斤。那也正是他和章泽天相识的年份，有人调侃爱情是他减肥的动力。无论是出于什么目的，当刘强东再度出现在公开场合时，他的体态和精神面貌大有改观，少了一些“土气”，多了一些“精英感”。

在关于章泽天的无数八卦灌水帖中，很长一段时间内，她的衣品一直被当作“反面教材”。不少时尚博主和网友都评价过她的穿衣风格，要么过于粉红，要么太显老气，虽然都是价格不菲的大牌，但她总是穿不出“高级感”。多数人认为，她在衣品上的“开窍”，是从她怀孕期间的一组偷拍照开始的：顶着孕肚的她素面朝天，穿了一身灰色的针织套装，透出一股恬静。生完孩子后，大概是有了专业的团队指导，章泽天逐渐掌握了适合自己的穿衣风格，每次公开亮相都会有分析她穿着打扮的娱乐新闻，她的美丽也得到了更大程度的发挥。

夫妻二人不断进步的外在形象，意味着有更多的话题性和传播度，也是企业圈和娱乐圈融合的必然结果。

从公众人设上来看，刘强东变成了暖男，章泽天变成了贤妻。

前文分析过，刘强东一直塑造的是农村娃逆袭的“大哥”人设，大家觉得他霸道、能吃苦、重情义，但也会给人过于强硬好斗的感觉。章泽天的出现，恰恰丰富了他的个人形象，刘强东开始秀恩爱、秀厨艺、秀育儿心得，相较于单身时期的他，婚后的他让人感到更加有血有肉。在这个时代，商业运营的传播操作手法里，人的因素越来越重要，家庭、亲情、爱情的多维渗入，可以发挥持续的软化功能，刘强东从霸道总裁变成了顾家的暖男，也是形象软化的表现。

章泽天在婚后，开始以女投资人的身份参加资本市场的活动，投资过 Uber、作业盒子等项目，并表示自己全权负责家庭投资。更多的时候，她淡化了自己对于京东商业事务的参与，转向公益领域，对外身份是天强慈善基金发起和京东公益物资募捐平台爱心大使。作为一个年轻妈妈，章泽天在做生意方面的经验和能力显然比较弱，这样的“贤内助”角色更适合现阶段的她。

刘强东和章泽天，一个主外、一个主内。妻子不再刻意为自家企业打硬广告，而是通过参与公益事务带动流量。这种在公共视野中的角色分工显然更加和谐平衡。

课后总结

决定营销成本的关键，是消费者对营销内容的记忆成本、识别成本和传播成本。从这点来看，刘强东夫妇的人设营销是非常成功的。

在初期，刘强东以讲情义的形象夯实了企业内外的群众基础，是员工口中的“东哥”、乡亲口中的“大强子”，这样的公众形象较有辨识度，为京东带来了相当不错的口碑效应。

而一场令众人意外的恋爱，为整个企业加入了“奶茶妹妹”这个变量。浪漫故事带来的流量效应，从外部观察看既为企业在特殊节点的宣传造势助力，又能够在危机发生时帮助转移注意力，起到缓冲作用。企业的影响力，借助企业家夫妇的故事从商业延伸到社会、娱乐、时尚等多个领域，话题延展度更强，热度更高，影响力更为广泛。

在两人的感情修成正果后，他们从起初两个分别受到争议的独立热点人物，逐渐调整为“男主外女主内”的恩爱夫妻档，已经成为国内吸睛力最强的企业符号之一。

注意力经济时代，适度的曝光可以为企业和组织带来意想不到的流量。如果你的性格特点、背景经历也具备话题度和持久性，不妨不要遮遮掩掩，试着塑造独特的人设，选择性地成为企业符号。

在京东的品牌策略上，东哥和奶茶妹从两个独立的、不同类别的人设，跟随个人经历和企业发展的不同阶段，逐渐调整，成为近期企业中非常难得的“夫妻档”，最终达到了企业家和企业品牌的“共振”效应。

哪些信息是公众关注和媒体感兴趣的？哪些信息释放后可以与企业发展相匹配？哪些信息在企业危机中能够搭建缓冲带？在这些复杂信息的传递过程中，东哥和奶茶妹的媒商之高，体现无疑。

从这个角度来说，媒商是一种审时度势，是一种实事求是的调整。人们的关注焦点在改变，态度在改变，行为方式在改变，企业和企业家的形象也应及时调整，同步释放信息。

重点阅读：媒商中的 5W 方法（上）

在对自身信息进行策略上的设计时，可以借用媒体思路。记者在写稿的时候，就是严格地按照 5 个 W 去做的，采用 5W 法则进行沟通可以对记者想了解的信息各个击破。新闻写作上的 5W 分别为：时间、地点、人物、事情，以及为什么。但是在与媒体进行沟通时，我们可以把它翻译成以下的内容：谁（Who）在什么时间（When）要向谁（To Whom）通过什么样的渠道（Which Channel）表达什么样的内容（What）。把这五点想清楚，我们就可以有策略地去进行信息传递。

✧ What：内容是核心

信息传递的核心是内容，“谁来说”等其他策略都要根据内容来进行选择。我们准备的要传播给公众的内容是什么呢？首先要尽可能多地预测公众要提出什么样的问题，他们想要获得怎样的答复。然后根据这些问题去准备答案。

在准备这些内容时，一定要了解别人对你的关注点在哪里。否则，不管别人怎么想，不管别人是否感兴趣，只是说了我们自己想说的，那就变成了单纯的自说自话。最后准备出的内容，一定是整合了我们想说的、沟通对象关注并且感兴趣的多方面信息。

人们常常遇到想说的与沟通对象的关注点之间发生偏离的情况。在这种情况下，需要以后者为重。如果别人对你的话题完全不感兴趣，那么传播效果也就无从谈起。而我们可以做的是，改编自己的内容引起别人的兴趣，把一道别人认为没有味道的菜肴做得鲜美，让他自己主动拿起筷子大快朵颐。

对于企业来说，在准备好信息传递方案的同时也要注意企业内部的表达要统一口径。常常发生高层领导可能定了一件事情，但是基层的员工对此却并不清楚的情况。所以，企业媒商需要的是团队的配合，而非个体的单打独斗。企业领导对外传递信息，同样也要和企业自身的产品策略相结合。

一件事情我们不仅先要在自己机构内部统一口径，同时要在行业内部取得尽可能多的共识，才可能会在更大的范围内消除疑虑。

2016 年 4 月 5 日，一位微博名字为“弯弯—2016”的女子在如家旗下的和颐酒店遭遇一名不明男子拖拽。此事件随后被刷屏。社会舆论反应之激烈让如家始料不及。如家遭遇了罕见的公关危机。4 月 6 日，如家首次发出官方致歉声明，后又陆续发布致歉声明，并与“弯弯”进行调解沟通。但就在如家官方道歉后，一名如家和颐经理在接受记者采访时却表示 ：“我觉得这是在炒作。一又没有死人，二又没有着火，三又没有发生强奸案，对吧。警察也出面了对吧，也报案了，对吧。你说就那么回事。”官方高层表态与基层反应产生矛盾，让人不由得怀疑企业道歉的诚意。

✧ Who ：谁来代表我说话

在使用 5W 法则与媒体打交道时，根据内容就要明确谁来做沟通，我们的沟通团队都要包括谁。

企业领导人是非常优秀的代言人，但除了领导以外，还要包括负责公关的部门、业务部门等。换句话说，企业中的每个人都有可能会在某个特殊的场合成为企业的代言人。

如果一名记者登门要求进行采访，见到的第一名工作人员态度是否友好？机构新闻发言人能否及时地表态，率先与记者建立联系？当面对媒体和公众时。熟悉情况的部门和人员能否及时援助，提供专业知识上的帮助？高层领导能否对这件事情及时定调，进行策略上的、态度上的表达？这些都会影响事件的处置。同样这也是考验团队协作的重要机会。

我们过去常用“新闻发言人”来指代那些受到媒体关注后代表企业发言的专职人员。但实际上，每个员工都是可能的新闻发言人。我们也关注到，许多新闻热点，往往都与媒体在第一次登门时遭到拒绝或者抵抗有关。这样的安排使机构丧失了正常与媒体进行沟通的机会。在一起突发事件中，现场维护秩序的保安或者打扫卫生的阿姨，都有可能成为信息源。作为个人来说，当你站在聚光灯下，与你有关的每个人也都有可能成为媒体的信息源，你又是否能够提前与朋友、家人做好沟通?

谁能够代表我说话？最好的选择当然是媒商高的一类人，能够同时在德行、智商以及情商方面表现出色。

以专职新闻发言人为例，据不完全统计，美国白宫历届新闻发言人当中有 85% 是新闻记者出身或在媒体工作过，近 30 年来，这一比例几乎是 100%。欧洲一些国家如意大利、西班牙等，其政府部门和地方政府的新闻发言人也基本上都是新闻记者出身，而且可以进入核心决策层。白宫新闻发言人就是白宫核心班底成员，其行政级别仅次于内阁成员。他可以列席所有最高级别的会议，除了总统、副总统、国防部长、国务卿，第五个人就是新闻发言人。在这个会议上他没有投票权也没有决策权，但必须全程参与，在最短时间内了解决策全过程。

除了专职的新闻发言人以外，对于企业等众多机构来说，负责人、领导是否要站出来为企业发声，是大家当下就要开始重视的问题。

2016 年 2 月，中共中央办公厅、国务院办公厅印发《关于全面推进政务公开工作的意见》。这次两办同时发文，行文间更有多项此前未曾出现的新举措与新要求，如公开负面事件清单，重大决策前公开以及明确追责机制。对于政府宣传部门来说，条条都是利好。但让很多机构新闻发言人欣慰的，却可能是这样一条信息 :“遇有重大突发事件、重要社会关切等，主要负责人要带头接受媒体采访，表明立场态度，发出权威声音，当好‘第一新闻发言人’。”

曾几何时，人们习惯于让机构内的公关部门、办公室等负责与媒体沟通的工作。一遇到事情，就习惯性地推诿。但在全媒体时代，和媒体沟通、对外沟通正在成为每个人、每个部门都要学会应对的挑战。媒商应该是全民应该具备的一项基本素质。

现在，从国家高层都已经意识到这个问题，将主要负责人纳入突发事件对外发声的常规军中。未来几年，一把手、主要负责人出面发声,很可能不再是“要不要”的问题,而会变成“何时”“怎样”的问题。

从信息传递的角度，负责人、公关部门、业务部门、基层员工,都需要在信息传递链条里扮演各自的角色。高层在态度、意识、概念层面做引领，公关部门维护媒体关系和公共关系，业务部门介绍项目细节和技术措施，基层员工则要保证基本的礼节——这才是全媒体时代机构媒商的完整组成。

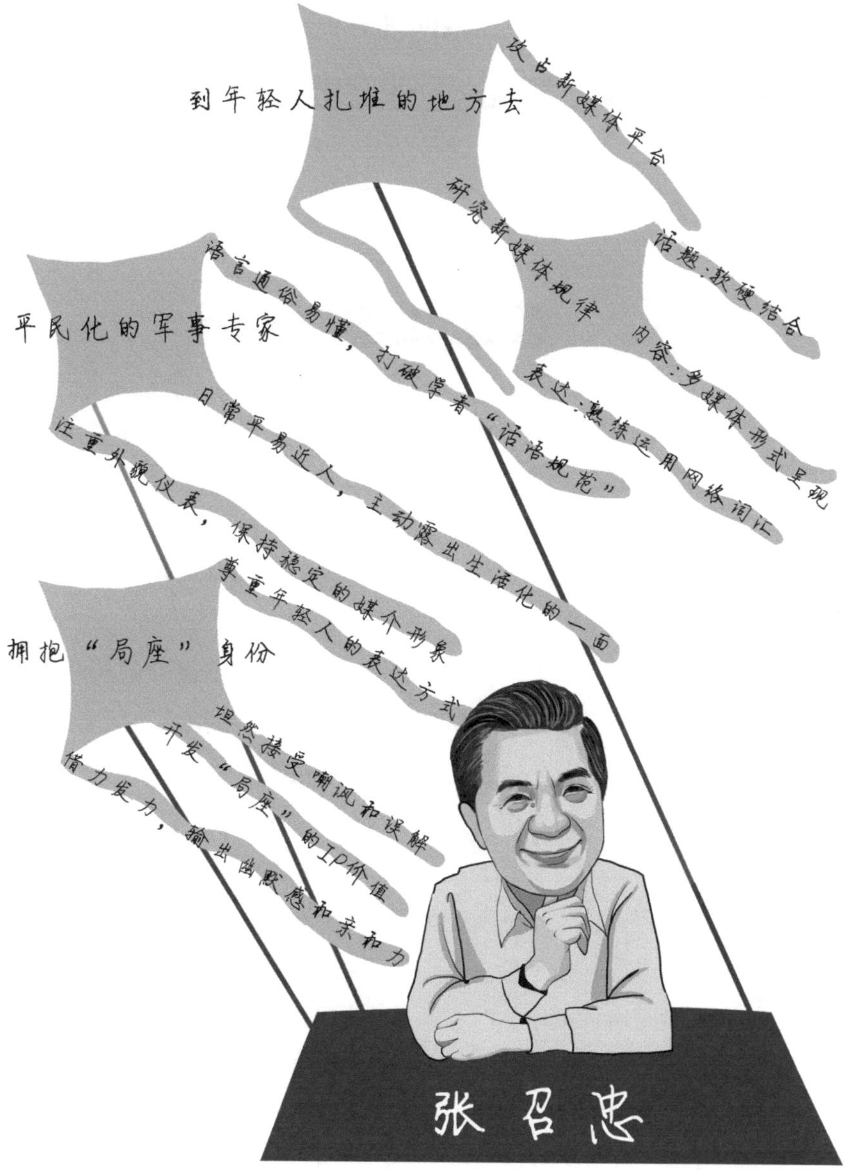

到年轻人扎堆的地方去

攻占新媒体平台

研究新媒体规律

话题:软硬结合

内容:多媒体形式呈现

表达:熟练运用网络词汇

平民化的军事专家

语言通俗易懂，打破学者“话语规范”

日常平易近人，主动露出生活化的一面

注重外貌仪表，保持稳定的媒介形象

拥抱“局座”身份

尊重年轻人的表达方式

坦然接受嘲讽和误解

开发“局座”的IP价值

借力发力，输出幽默感和亲和力

张召忠

第四课

听众在哪儿就去哪儿——张召忠的“非主流沟通”

课前引导

沟通中，最简单的一个道理是，想让谁听懂你的话，就一定要用他熟悉的语言去讲。有些高深的论述和观点，注定了传播效果会受限。观点市场上，有阳春白雪，也有下里巴人。你想让谁听你说，想让谁接受你的信息，那么就要学会用他 / 她习惯的、喜欢的方式去讲，去说。

提到军事,人们的第一反应往往是“导弹”“巡航舰”“战斗机”这些硬气的关键词。至于军事专家，一般人想象中应该是把“安全战略”“局势分析”“技术应用”挂在嘴边的严肃人物。那些严肃和高深的话题，自带权威光环，一方面让人敬畏，另一方面也容易让人感觉疏远。然而，高大上，并不是只有一种表达方式。有时候，也可以让人感觉亲近和有趣。你不能去责备一位听众走神，只能从自身开始反思，为什么丢掉了听众的注意力；你不能去责备一位记者曲解了你的意思，而要反思是否在冗长的论述中模糊了自己讲述的重点；你不能去要求一位“00 后”为何不耐心去阅读正规但却枯燥的政策，反而要去思考，如何用有趣的语言进行“翻译”，才能留住对方。

第四课　听众在哪儿就去哪儿——张召忠的“非主流沟通”

张召忠是一位非典型的老将军，一方面，他是主流媒体的常客，向全国观众输出着权威分析；另一方面，他又是网红“局座”，建公号、开直播，流行词语张口就来，插科打诨也不在话下。

从杂志时代，到电视时代，再到新媒体时代，65 岁的张召忠没有为“廉颇老矣”所困，在截然不同的语境场中都获得了成功。他为我们示范了一种主流人物的非主流沟通方式,让“理性权威”和“生动有趣”相结合，把媒商应用到自己的媒体战略中。

一、平民化的军事专家

张召忠出生于河北农村，18 岁入伍海军，后来得到了在北京大学阿拉伯语专业学习的机会，曾经历过两伊战争，同时从事海军装备和战略问题的研究。

张召忠最早在媒体上崭露头角还是在信息饥渴的 20 世纪 80 年代，那时候人们获取信息的渠道有限，军事杂志是所有军事爱好者的精神食粮。张召忠在《舰船知识》《兵器知识》等杂志上发表了一系列科普文章，还翻译过军事小说，引起了公众的注意。至今还有军迷认为，他是军方专业人士面向大众进行军事启蒙的第一人。

到了 20 世纪 90 年代，张召忠成了最早从事电视节目录制的军中人物。从军事内容主讲人，到军事行动直播评述员，再到军事节目特邀嘉宾，他逐渐成为了最受观众熟知的军事评论家之一。和其他遣词严谨的专家学者不同，张召忠在电视上的表现自然大方，他的语言通俗易懂，喜欢讲例子、打比方，像“隔壁大爷”一样，将中外军事热点事件讲得妙趣横生。

图 4-1　左边是严肃的军事话题，右边是“90 后”们追捧的新鲜话题，局座就是中间的翻译器

朝鲜炮击延坪岛，张召忠说，“炮击事件像一场拳击赛，得分最多的是美国……俄罗斯一直沉默，当拳迷。中国主张六方会谈，发挥了裁判的作用。”

美军 DDG1000 战舰服役后，曾有说法称这将是世界上第一大驱逐舰。对此，张召忠评论道：“DDG1000 相当于一个暴发户，突然有钱了赶时髦，脖子上戴一堆金链子，手上挎几个名包，这不是一种美。这是极端的奢华，毫不实用，金玉其外，败絮其中。”

被问到国产“歼 -20”与几个军事大国四代战机的区别时，张召忠说，“美国的 F-22 好比大米饭，掺了沙子不能吃，还得重新做；F-35 太胖了，米放多了锅里煮不下了；俄罗斯的 T-50 还在插秧就忽悠印度来投钱，完全是套钱的玩意儿。”

解释“战时摧毁”概念时，他说：“就是抓一个老母鸡把它打掉，省的你老下蛋，而不是一个一个把鸡蛋打掉。像基地、机场这是在任何战争当中都是第一拨要被干掉的目标。”

谈到甲午海战，号称亚洲第一、世界第六的北洋舰队全军覆没，张召忠说：“这有点像丑女美容，通过擦胭脂抹粉掩盖了一些，乍看起来还不错，一旦将局部放大就露馅了，只是粉饰的太平。”他还用汽车维修的道理继续解释:“就像一辆豪车不修理、不更新，一上路就容易出事。相反，跑了一二十年的桑塔纳，如果维修到位照样跑得很好。决定海战胜败的，不全是定远舰这样的新式装备，需要的是开着桑塔纳的老司机。”

这些信手拈来的比方，打破了观众印象中专家学者应该有的“话语规范”，把看似高大上的军事术语和国际关系讲得浅显易懂，在这方面，张召忠的确算得上是“老司机”。和张召忠搭档 12 年的北京电视台主持人罗旭，曾在一次采访中说，军事节目本身具备一定的严肃性，很少有嘉宾会笑，但张召忠在节目里就会哈哈大笑，因为“他比较明白，在电视上千万不要装，越自然越大方越好，做电视是很需要真诚的”[1]。

不仅在电视上接地气，在现实生活中，张召忠也非常平易近人。他曾做客凤凰卫视的《锵锵三人行》，其间的花絮视频被网友热传，视频中，他打开粉饼盒，娴熟地朝脸上扑粉，并向记者解释，他参加节目从来都是自己化妆。在那期节目中，主持人曝光了他随身携带的“公文包”——一个塑料购物袋,里面装着“用来伪装”的帽子、墨镜，参加不同节目需要佩戴的领带和口袋巾，以及矿泉水、军官证和地铁卡。连主持人都惊讶，张将军现在出门还是经常乘坐地铁，他不仅没有尴尬，还兴奋地讲起他坐地铁遇到的各种趣事。不少网友表示，自己就是被那段花絮里生活化的张召忠“圈了粉”。

日常的毫无架子，并不意味着缺乏端正的职业精神。几乎每一个接触过张召忠的人都会表示，他是一个“爱漂亮”的帅哥。

1　王海璐 . 退休的局座张召忠谢绝了老年兴趣班，开了一个公号 . 博客天下［J］. 2016（3）：52.

海军出身的他，习惯了穿着白制服，对外表一刻都不放松，他曾说:“我这个人一辈子都注意自己的仪表，这是表示对别人的尊重，你永远不会看到我邋里邋遢的形象。”无论在接受采访还是录制节目，他都会格外注意自己的服装搭配、照明打光，因为他明白，电视是视觉媒体，保持形象是对观众的尊重，也是职业精神的表现。所以,观众们总能看到他十几年如一日的稳定外型:身材匀称，发型一丝不苟，衣服简单平整，领带搭配同色系的口袋巾，这是他在用军人的态度，坚持自己的形象包装。

二、到年轻人扎堆的地方去

2015 年，张召忠退休了。他没有过上其他同事四处旅游、养花练字的生活，而是选择继续“折腾”。

他重出江湖的起点，是在蜻蜓 FM 上开设了语音节目《张召忠开讲》，不久之后他又在凤凰军事开办了视频栏目《张召忠说》，几个月后他招纳了几名“90 后”，创建了自己的微信公众号“局座召忠”。这一系列动作，全方位立体化地涵盖了音频、视频、文字三大新媒体形态，从网络节目开播首期的标题，就能看出他的战术考量：年轻人不看电视，我上网堵。

张召忠曾在多个场合表达过，自己退休后的最大愿望就是在中国进行军事科普和爱国教育。科普教育的主要对象是当代年轻人，然而他却忽然发现，现在的年轻人喜欢的东西不一样了。他做了 23 年电视节目、出版了二十多本书，很多人是读他的文章、看着他的节目长大的，而今天的年轻人居然不看电视，也不读书了。这样的形势让他感到焦虑：“现在的年轻人都在进行碎片化、浅层次阅读，形不成系统的思想，也没有深沉的思考，再加上媚俗娱乐节目和西方思想的冲击，这太危险了。”

面对这样的“时过境迁”，张召忠没有痛心疾首地呼吁年轻人要多读书、多思考，而是选择投其所好，主动到年轻人扎堆的地方去，用他们喜欢的方式跟他们打交道。“舆论这块儿高地，你不占领，别人就会占领！我就是想深入新媒体世界，在对内宣传这块儿，跟如火如荼的娱乐节目抢抢人，能网到多少年轻人是多少。”张召忠的一系列新媒体试验就是在这样的初衷下应运而生的。

攻占新媒体阵地只是战略部署的第一步，为了进一步掌握“话语权”，张召忠决定拥抱流行文化，从年轻人的文化体系角度出发思考。他认真研究自媒体传播规律和后台操作，揣摩年轻人的喜好，开始了“一个退休老头儿的进击”。

首先，在话题选择上，张召忠以“软硬结合”为主。既会介绍最新的武器装备、分析时事政治，也会聊到风云人物、历史八卦。美国推出超级战舰朱姆沃尔特，张召忠第一时间剖析它的功能特点，看美国人为什么要“嘚瑟”；萨德导弹入韩期间，张召忠在节目中科普了这个系统的前世今生、威胁构成和短板所在，告诉大家“没啥可怕的，可以这样干掉它”；他介绍过清末在日本潜伏的间谍荒尾精，是“五百年一遇”的鼻祖人物；也回顾过俄罗斯发展航母的辛酸泪，看他们是怎样被美国的虚假广告忽悠得团团转的……过去杂志和电视上，因为篇幅和时长没办法展开讨论的问题，张召忠在自己的自留地上掰开揉碎了细细讲，尤其遇到重要军事事件，他的每一次点评和科普都轰动全网。

其次，在内容呈现上，他和团队以微信公众号作为主阵地，将多种媒体形式的内容进行了聚合。打开“局座召忠”微信号，可以发现菜单栏里收录了张召忠的视频节目、音频节目、时评语音和文字专栏，还整理出了他参与录制的几档电视节目。可以说，一网打尽了受众的各种媒介偏好和内容需求，如果你对国防军事或者时事政治感兴趣，可以一头扎进去看个痛快。

最为人津津乐道的是张召忠在新媒体上的表达方式，蓝瘦香菇、一个亿的小目标、团灭、开挂、拉风……无论在节目还是媒体采访中，他对最新的网络流行词语都运用得相当自如。在退休之前，由于军队规定，张召忠没有开通微博，也不用微信，是实实在在的“流行娱乐”门外汉。进入自媒体行业之后，他花了一段时间很快搞懂了自媒体的“江湖黑话”。之所以能对新鲜语言快速上手，张召忠把这归结于他的语言学习经历，“学外语的人对语言很敏感的，出现一个新词我就会搞清楚。语言是交流的工具，我每天跟孩子们在一块儿，他们经常搞点这种话，我一定要问清楚”。

面对新媒体的堡垒，张召忠瞄准了受众、圈定了话题、部署了内容、掌握了话术，成功在“90后”“00后”的世界里建立了影响力，变成了拥有千万级别粉丝的超级网红，节目的收听观看人次更是达到了数亿。

三、拥抱“局座”身份

如今，当大家亲昵地在网上口口声声喊着“局座”时，似乎已经忘了这最早是一个贬义词。

这要回溯到2003年伊拉克战争爆发，曾在伊拉克担当过翻译的张召忠做客了一档军事节目，向来喜欢下结论、做预测的他在直播中大胆断言：美国进军伊拉克将阻碍重重，美军会在萨达姆的家乡陷入困境。然而，伊拉克的部队很快溃散，萨达姆甚至是在自己的家乡被活捉。这次预测的失准，让张召忠的权威口碑在一些网民心目中跌落，有人直接调侃，中国有了“战略忽悠局”，“局座”就是张召忠。

网民跟风群嘲的顶峰，是把张召忠在电视上观点的断章取义为“雾霾防激光，海带缠潜艇”。尽管从科学角度来看，雾霾颗粒的确对激光武器有屏蔽作用，而黄海浅水域的海带绳会缠住潜艇的螺旋桨也是事实，但这两句话还是被不少人当作笑柄，也让越来越多的人把张召忠的名字和“忽悠局局座”联系起来。

对于“局座”的调侃，张召忠最早是拒绝的。凤凰网军事频道主编金昊曾在《凤凰军机处》第一期节目中，当面“请教”张召忠：“咱们国家到底有没有‘战略忽悠局’这个机构呢？”金昊事后回忆，听到这个问题后，张召忠“笑容僵了片刻”，这个细节颇能体现张召忠过去对“局座”称谓的微妙心态。而在张召忠首次录制《最强大脑》时，在主持人介绍新评委张召忠后，台下观众高呼“局座，局座”时，他也是无奈地笑笑。[1]

直到创建了微信公众号“局座召忠”,张召忠才终于对“局座”称谓官方盖章，以“自黑自嘲”的态度拥抱了这个网民建构的虚拟身份，这也成了他运用媒体传播规律“借力发力”的一记妙招。从他坦然接受嘲讽和误解的时刻起，“局座”的含义开始起了微妙的变化，攻击讽刺意味变淡了，多了几分“宠溺感”，也多了几分“萌”。

在二次元弹幕直播平台哔哩哔哩 bilibili（以下简称 b 站）上，张召忠一直是军事科技的收视保证，在他主动揽过“局座”的标签后，这样的“献身精神”更是极大地激发起网民们“再创造”的热情。他在 b 站上的大多数视频图头封面都是经过网友精心处理的：阿凡达、金刚狼、包拯……网友们热衷把他的头像 PS 到各种场景中；除此之外，围绕着他产生的流行语也越来越多：来

1　王海璐 . 退休的局座张召忠谢绝了老年兴趣班，开了一个公号 . 博客天下［J］. 2016（3）：52.

自东方的神秘力量、自带因果律武器、毫无PS痕迹的男人……当有人把这些照片和评价转达给他时，他调侃道："下次请把我画得漂亮一点。"

在2016年6月，张召忠和二次元世界的年轻人有了一次著名的"胜利会师"，他在b站上进行了一场两小时的直播，由于观看人数过多，一度造成服务器崩溃。他在直播开头就笑说："我最开始关注b站，就是因为b站童言无忌，有好多人黑我，把我P成各种样子，现在都黑转粉了没？"然后回答了年轻人提出的各种问题，包括南海仲裁问题，买日韩货是不是爱国，以及如何备战高考，每一个问题张召忠都深入浅出地回答，成功地输出了自己的幽默感和亲和力。

除了打通b站，张召忠还把目光投向了年轻人喜欢的动漫领域。几年前，有青年漫画家创作了《进击的局座舰娘之玉碎》漫画，"局座"被打造成二次元风格动漫形象，化身"航公"与代表军国主义的"舰娘"战斗。看过这组漫画的张召忠，主动联系了作者，狠狠夸赞了这一系列恶搞，并向他征求到了授权，把漫画发布到了"局座召忠"微信公号上。后来，在张召忠出版的《进击的局座：悄悄话》科普书中，他还一改之前的严肃风格，将书中涉及的局座、航母、海军、风云人物等变成趣味漫画，全书漫画讲解内容占到了三分之一。

张召忠从不掩饰自己对年轻人的讨好，更尊重他们的表达方式和权利，这归根到底是因为他具备良好的包容心和幽默感。他曾说过："幽默是人类文明的最高境界，不懂得幽默，听不懂别人所开的玩笑，一言不合就拳脚相加，那是没有文化的表现。"他通过主动学习年轻人的幽默方式，探索出了与他们沟通的新模式，也开发了"局座"这个身份的IP价值。

课后总结

张召忠在主流媒体上“走红”，在网络上“被黑”，又在二次元世界“再度走红”，回顾他的经历可以发现，他对不同形态的媒介有着深刻的认知。面对互联网的冲击，他迎头而上，快速掌握了新语境中的传播规律，重新吸引了目标受众；面对各种戏谑、调侃，他重新调整了方式，认真扮演“局座”的身份，将口碑劣势转化成良性循环。

更重要的是，无论话语包装如何改变，他一直坚持着严谨的职业精神和朴素的爱国观，一切的出发原点就是普及国防军事。这样的“局座”，既让人敬佩，也值得我们学习。

爱国、军事、国际政治……这些话题都是传统意义上的严肃话题。然而，在媒介技术快速发展、媒介环境快速变化的今天，老式的讲述方式正在面临挑战。固执地不去改变，注定会流失大批潜在的受众。而选择调整，用新的语言，用新的方式，主动地去贴近受众，才可以将信息传递出去。

从这个角度来说，媒商是一种新的、有趣的探索。其新，在于新的媒介技术和讲述方式；其有趣，在于对信息的重新改编。而“局座”，在这种新型传播中，无疑是一位值得尊敬的前辈。

重点阅读：媒商中的5W方法（下）

传递信息，媒商要求要用沟通对象熟悉的、易接受的方式进行表达。在中国政务微博系统中，有家做得非常出色的机构，在政务的微博、微信的整个系统中一直排行靠前。机构负责人说过，做微博和微信的人员是同一套人马，根据受众定位，关注该市的一些重要信息的人，他们的年龄可能是二十多岁、三十多岁，因此他们的发布团队一律选的都是“85 后”的年轻人，他们来自那个群体，只有他们说的话目标受众才会懂。

接下来，我们继续来看 5W 方法中余下几项。

✧ When：找到最好的时机

好的时机常常可以起到事半功倍的效果，而不合时宜的介入却会让机构前功尽弃。

到底何时才是好的时机？至少，好的时机需要具备以下几个特质：

及时。好时机一定是及时的，不能让公众和媒体久等不来。被逼迫出来的信息，一定不是好信息。

恰当。也就是说，这时介入，不会引起舆论场中任何一方的强烈反弹。

稳定。一旦介入，就需要持续不断地进行沟通，与公众和媒体保持稳定的联系。而不能像打雷，轰隆一声之后就消失匿迹。

✧ To Whom：切换你的风格

当我们作公开表达时，需要想到，我们不但是在对媒体和公众讲，而且员工、投资者以及政府等多个利益攸关方都会看到这些信息。

在作一次公开表达时，需要清楚谁会关注？我们不仅要清楚这些信息是对谁说的，还要有策略地选择重点目标受众。这就要对受众进行细分。

同样一件事情，对财经媒体讲和对都市报的记者讲，内容可能类似，但话语风格、行文方式却可能是完全不同的版本，强调重点也会不同。对于不同的受众要采取不同的策略沟通，要筛选重点，同时要进行风格切换。

2015 年 1 月 2 日 13 时，哈尔滨市北方南勋陶瓷大市场仓库发生火灾，多辆消防车迅速赶到现场救援，消防人员和民警组织市场内的群众撤离建筑并设隔离线。14 时左右，市场内群众全部撤离。21 时 37 分，持续了七个多小时的大火导致仓库所在的居民楼塌方，将多名消防战士压在里面。由于火势过大，最终导致多名消防战士被埋在火海中。

在 2015 年 1 月 3 日凌晨，哈尔滨市的“平安哈尔滨”针对此事发布通报，发布的这则消息，题为《哈尔滨市道外区太古街 727 号库房火灾基本情况》。

消息分为三个段落,全文共 585 个字,其中第二段有 258 个字,占去全文近半篇幅，“领导高度重视”等内容贯穿全段。在这段文字中，从省委书记、省长共提到 9 名领导干部的名字，他们在火灾发生后，或现场指挥，或做出批示，或做出部署。但是在通报中强调“高度重视”“做出指示”等官腔话语，并称事故导致消防战士 3 人死亡、14 人受伤、2 人失联。公安局的官方微博中有关领导高度重视的内容占据 258 字，引起了舆论的高度争议，有关媒体对这一现象进行了专门的报道。当“@ 平安哈尔滨”又发布一条“领导看望受伤战士”的微博，该微博被指“短短四五十字,将已来和没来的领导都涵盖其中”,再度遭到网友的口诛笔伐,舆论纷纷指责哈尔滨官微不关注事件进展，一味打官腔。

这种以领导为主，却对牺牲消防员信息简化的行事风格，恰恰成为公众和媒体质疑的焦点。

对于一些庞大的机构或者系统来说，长时间浸染其中，会带有其赋予的非常独特的气质，从个人形象到谈吐以及行文方式。如果不清楚沟通对象或者不进行调整，会给普通公众以“不接地气”或者“傲慢”的感觉。

面向公众和媒体的沟通，一定会与组织内部沟通有很大的差别。要避免过多使用内部沟通时的公务用语。内容也要结合媒体和公众的关注重点，进行调整。

✧ Which Channel：大喇叭和窃窃私语

在进行危机处理时，信息传播渠道的选择至关重要。每一种渠道，其受众影响面、沟通方式都不同。有的信息，需要在短时间内用大喇叭大声传播、反复播放；有的信息，则需要窃窃私语，选择专业的、友好的媒体进行深度沟通；还有的信息，则要在自己的地盘上喊话，将信息在网络上推送给客户。

“水可载舟，亦可覆舟。”用得好，网络渠道可以成为动力，推动政府与公众之间建立良好的沟通。在突发事件发生第一时间，微博、微信比传统媒体更能直接抵达公众。在尚不具备召开新闻发布会的信息空窗期，在新媒体平台上不间断发布，无疑可以弥补这一空白，保持与公众信息和心理层面的密切联系，维护关键时刻机构不缺席的形象。

在全媒体时代，机构必须要有自己的信息传播根据地。官方微博、微信的平台建设一开始可能需要花费很大的精力和时间。但这些渠道是非常可靠的。在关键时候，可以持续不断地对外发声，同时也是外界获取机构信息的正式渠道。

官方微博：适合面向公众发布正式声明，可以快速、短小、精悍，也可以配以长微博，或者以图片微博形式发布。如果信息过多，则可将重要信息放在微博正文中，而补充信息作为链接内容放进去。微博上的信息要持续不间断地发布。

官方微信：同样可以发布正式声明，但受众往往是与企业密切相关的客户或是某地区市民。所以，在声明外，可以附带一些服务性信息，比如客服热线等。

官方网站：网站信息的呈现形式更为完整，因此，可以发布阶段性总结，比如一天的动态盘点等。同时还可以将与事件相关的各方表态以及媒体报道进行汇总，制作成专题予以呈现。

除了自有渠道以外，还有很多外界渠道可以借助。

值得信任的少数媒体：如果一个事件发生之后，很难在短时间内用几句话表达清楚，尤其是涉及大量的术语或是背景，在这种情况下我们要选择一些可靠的媒体，以专访的形式，更全面、更深入地把我们的信息传递出去。

影响范围大的公共媒体：如果需要信息尽可能地多地到达，那就应当寻求大型媒体机构的支持。在公共平台上发布的信息，要尽量简单，要尽可能多地照顾广泛人群的理解程度。

行业媒体:如果在某个领域,有一些专业媒体长期关注,那么,在阐释一些复杂问题的时候，可以找到专业媒体进行发布。这类发布可以深入探讨专业问题和复杂问题，包括背景、历史、政策等可以更充分展示。

我们需要像电视剧《潜伏》里面的地下党一样，要在自己想去沟通的对象里面找到盟友，要去了解公众想知道什么，媒体想知道什么，提前做更多的准备工作。一些网络意见领袖，特别是专业人士，往往可以帮助澄清更多误解，获取到更多支持。

信息发布渠道，不是单一的，而是要做多种渠道整合。只有这样，在危机发生的时候，这些根据地，才不会让你丧失在全媒体时代的发言机会。

以音频、视频为主，让形象更立体
根据自身优势确定风格定位
与用户持续互动

打造魅力人格体

因地制宜使用方法论
针对细分领域进行定位
邀请行业精英入驻“得到”

与更多内容生产者合伙

颠覆性的选题
精巧的切入角度
景点意识
创造新概念

让内容更有吸引力

第五课

媒商的复制与提升——罗振宇和伙伴们的探索

课 前 引 导

两千多年前，古希腊哲学家普罗泰戈拉曾说："人是万物的尺度。"在如今的新媒体时代，这句话仍然具备深刻意义，在经历了"渠道为王""内容为王"的阶段，人格魅力开始逐渐被开发和重视。

一方面，传媒的价值开始向"人"回归。央视最早通过《百家讲坛》，让一群学者直接面向公众传道授业；而凤凰卫视更是以主持人为核心，将节目内容与人进行绑定：胡一虎的《一虎一席谈》、何亮亮的《时事亮亮点》、石齐平的《石评大财经》……

另一方面，越来越多的网络红人出现在大众面前。相比于早期依靠事件营销的芙蓉姐姐等人，新一代网红大多以才华、知识、多元的能力和不辞辛苦的坚持脱颖而出，他们没有偶像的包袱，但号召力和亲和度却可以赶超偶像，甚至取得更为辉煌和稳固的精神领袖地位。

罗振宇就是这样一位特别的实践者和探险者。他凭借广泛的学识打造个人品牌，通过高频的内容输出吸引了稳定受众，最终引导用户参加活动、进行消费。他传播的不仅仅是普通的信息，而是更为复杂和多元的观点。他不仅需要人们的关注，还需要通过大量的说服，让人们接纳他的观点并达成认同，而更理想的是让人们从接受观点、认同态度最终转变为购买和消费。

类似的观点，由他讲述，和由别人讲述，有那么多不同。为什么他讲的更容易让人相信？他的成功模式，与他强大的媒商分不开。作为前媒体人，他理解受众，熟知传媒特性，更有着出色的表达和论辩能力。然而，在罗振宇的故事中，更让人兴奋的是，他将自己以及团队在全媒体时代的优秀技能快速复制，让更多有识、有料的行业精英提高媒商，习得信息传递之术，成为新的意见领袖。鲜明的观点、有趣的论据、不断重复以及简化信息……最终一个人变成了一群人。罗振宇的故事告诉我们，媒商可以复制，信息传递效果必定可以提升。

一、打造魅力人格体

如今抛头露面、动辄面对万人演讲的罗振宇，在相当长的时间里是以央视制片人的身份居于幕后的，那时的他更多的是个管理者、资深媒体人，与舞台和闪光灯绝缘。而当他辞职创业后，决定通过《罗辑思维》走到台前，在新媒体市场攻城圈地。

他曾说，《罗辑思维》做的第一个产品就是一款叫作“罗胖”的飘浮在空中的虚拟人格。

为什么要打造人格？因为在流水化生产的工业时代，所有产品都变得趋同化、冷冰冰，受众更倾向于选择有差异化和辨识度的产品。因此，无论是媒介产品，还是个人的媒介形象，都需要变得魅力人格化，这样才更容易与受众建立情感链接。

而什么才是有魅力的人格？罗振宇的解释是：“任何具备独特性格、个性、魅力的符号，都可以称为魅力人格体。”由此出发，罗振宇团队先根据自身的资源优势，确定了清晰的定位和内容风格：他阅读广泛、能说会道，那就扮演一个为他人读书的角色。

为了让人格更加立体，罗振宇很早就决定，媒体产品以音频、视频为主，文字只作为延伸和补充。因为互联网时代，信息的海量流通让人们阅读文字的耐心不断降低，相比于一个字一个字地“啃”，能听、能看的多媒体内容显然更有吸引力。这么做更深层的原因是：通过倾听和观看，受众们可以直观感受到“罗胖”的“音容笑貌、举手投足”，这些产品内容所包含的人格要素比文字要好得多。

在《罗辑思维》的微信公众号上，“罗胖”每天早晨都会准时推送一段60秒的语音，发表对很多事物的看法。在视频平台上，每周还会发布一条一小时左右的视频，来解读、推荐一本书。在有限的单位时间内说出故事、传达观点甚至卖出产品，这不仅体现了“罗胖”个人的思考和成长，还让用户可以通过较低的时间成本收获知识，这样的做法很快提升了受众对“罗胖”的好感。

为了让“罗胖”更加有血有肉，罗振宇在初期会亲自回复微信公众号后台的每一条留言，家庭纠纷、成长困惑、职场难题，他都一一解答。

有人问他，我上大学，和女朋友闹分手，我不想跟她分，我很痛苦怎么办？罗胖说很简单啊，你在上大学期间，你有女朋友，这本质上是一种廉价资源，你舍不得放弃。

有人调戏他，你是罗胖吗？他就和人做游戏打赌，验明正身后让对方打开窗子对外喊“我是猪”。

通过这样的方式，“罗胖”很快实现了自己的定位：观众的书童，用户平凡生活里的朋友。这位朋友知识渊博、为人靠谱、做事执着，成为了很多人高质量的陪伴。

“罗胖”的成功让人们见识到了“魅力人格体”的吸引力。新媒体时代，人们可以进行自我表达的渠道更丰富、更立体，但也容易变得盲目跟风、人云亦云。罗振宇通过明确自身的优势特色，并最大限度地发挥特长，让自己能够被人记住，从而逐渐建立影响力。

可见，通过差异化的信息输出和持续互动，才能让受众感知到他们面对的是一个有血有肉、个性鲜明的人，而不是看不见摸不着的网络 ID，或者一张冷冰冰的名片。

二、颠覆性的选题和新概念

即便是有了独特的风格定位，想要真正吸引受众，还是需要生产出有吸引力的内容。

罗振宇团队就摸清了当代受众的痛点：他们大多年轻、有求知欲，但是没有足够的时间和精力选书、读书。因此他首先会根据自己的知识储备，选出高质量的畅销书，然后在短时间内解析书的内容、提供观点结论，在讲述的过程中还会穿插着包袱笑点，让受众在娱乐的同时学习知识。

“提供品味、节约时间、富有趣味”是《罗辑思维》内容生产的核心。

说起来简单，真正能做到这一点绝非易事。为了有种、有趣、有料，整个团队在前期将主要精力都投入在内容打磨上。罗振宇就曾表示过：“60 秒的语音不顺利的话要录五六十次，50 分钟的视频有时要录 20 小时。”

通过反复的实践调整，“罗胖”摸索出了自己独有的说话之道，从音频、视频，到他的公开演讲，我们都能发现这套方法论的影子。

1. 颠覆性的选题

《罗辑思维》的选题，大多有一条隐形标准：颠覆现有知识体系。它要么颠覆受众的固有思路，要么击中受众的知识盲区。

例如在《反腐到底反什么》这期节目中，他首先提出大多数人认为反腐是在从道德和制度层面反贪官，但他通过对古代反腐故事的举证和梳理，最终提出应该从信息系统上治理腐败，开放信息通路、将更多的事实曝光，问题才能得到根治。

再比如，关于科学与宗教的讨论中，他先否定了一般人认为的科技是唯物、宗教是唯心的二分法观点，用例证说明二者并不矛盾，甚至是相互滋养的。

罗振宇的常见思路就是先破后立，先说一个人们耳熟能详的故事或观点，然后树立自己颠覆性的观点或结论，并通过挑选证据来证明观点的正确性。信息时代，人云亦云的“常识”太多，用逆向思维来输出知识的方法，有时更容易激发受众的兴趣。

2. 创造新概念

造词，是罗振宇的另一个特长。从创业起，他就不断地创造新概念、新词汇，“魅力人格体”就是由他最早提出并被广泛谈论的概念。此外还有“闭环”“群岛”“后真相时代”等层出不穷的新鲜词汇，总能让初听到的受众竖起耳朵继续往下了解。

罗振宇喜欢用形象化的比喻描述概念，例如他倡导“U 盘化生存”的状态，强调个人不依附于任何组织，既有独立生存的能力，又能随时与他人合作，即“自带信息，不装系统，随时插拔，自由协作”。类似的比喻还有，他把新媒体比作“传统媒体门口的野蛮人”，在摧枯拉朽地进行强制拆迁和异地重建。

在演讲中，他也常常会选用新词开道，用一个新概念来为自己的商业规划站台。他曾用“时间战场”一词来形容未来的商业指向：要么帮助用户节省时间，要么帮助用户把时间浪费在美好的事物上。他还创造“父爱算法”这个概念，表示相对于处处关心和发现消费者需求的“母爱算法”来说，父爱算法就是“你不用懂，听我的”，这种算法意味着有信心能洞察消费者的根本需求，并能把握发展趋势。

而罗辑思维的生意，恰好就是要用“父爱算法”在“时间战场”上胜出。他通过提前预设概念纬度，抢占了受众的认知，成功获取了人们的注意力，并最终为自己创造价值。

3. 角度比内容更重要

熟悉《罗辑思维》的人，一定会对它旁征博引的例证印象深刻。无论是 60 秒的语音，还是 50 分钟的视频，故事和案例是对“罗胖”观点的重要支撑，而他有一副流畅的剪刀，总能为自己的结论裁剪出合适的论据。

为了给自己留有余地，他选择的故事往往在时间或人物上比较模糊。有人对《罗辑思维》的 60 秒语音进行过简单抽样统计，发现“最近”“前不久”“有的时候”等经常是开篇设定的词汇。而在《罗辑思维》的视频中，他也总会用一个没有事实来源的小故事来引出话题。模糊的时间、模糊的来源、模糊的主人公，自然让听众难以深究真伪，也为他之后的修辞留出了足够的空间。

而在书籍介绍的节目中，你会发现，很多时候他并不是一味地照搬书的内容，而是“以书中的故事来讲自己的道理”。我们仅仅从标题来看，《领导你为啥不信我？》这期节目解读的是《叫魂——1768 年中国妖术大恐慌》，《谁弄脏了高利贷》这期节目用的是《神曲》的故事，而《你因挣钱而伟大》居然是在推荐《富兰克林传》。很明显，节目的切入点和书的本身主旨并不完全契合，但罗振宇却能从严肃书籍中提炼出一个有趣的角度，用书中的细节内容拼凑出一个更加轻薄易懂、符合现代人思维方式的观点。

罗振宇也承认，自己的节目提供的仅仅是一种可能的思考方法，并通过这种思考方法得出一个自圆其说的结论。尽管这些结论正确与否还有待商榷，但只要得出结论的过程足够巧妙，就会有人来买账。

4. 景点意识

最后必须提的就是罗振宇“得出结论的过程”。如果说每次节目都是一次出游的话，罗振宇一定是一名很有魅力的导游，他能带领游客观看指定的景色，提供独特的欣赏角度，衔接过程轻松流畅，最后还能让游客“拍照”带回家——这算得上是内容传播过程中的景点意识。

没有人喜欢一本正经的长篇大论，《罗辑思维》在输出知识观点的同时也会注意节奏和密度。主讲的罗振宇像导游一样，对讲到哪儿该停顿、哪儿该抖包袱、哪儿该强调，都心中有数。按他自己的说法，就是不断为用户提供“弹幕”。

再严肃的话题，他都会试图找出更幽默的、口语化的表达方式，他讲到乾隆移驾行宫时，说“这一年的夏天，北京忒热，他老人家一溜烟就到了承德的避暑山庄避暑去也”。讲到雍正的勤政时，他说：“放到今天一定是个微博‘大V’。”即便是介绍专业知识，他也善于找亮点、做联系，有着丰富自然的衔接语，比如：“诶，有意思的事就来了”“你说他怎么这样呢”“这就到了考验我们观众朋友们的时候了”“你看，这就是为什么有趣了”。这些小细节都会让受众的体验更加张弛有度。

一名合格的导游，不仅要让游客听懂，也要有交付意识，让游客得到收获，“拍照”带回家。因此在节目的结尾，罗振宇就永远不会忘记对讲述的话题进行升华总结，再次概括、强调自己的核心观点。这样的独特观点能给受众带来信息增量，让受众感到有所收获，心满意足地结束旅行。

三、与更多内容生产者“合伙”

辛苦打磨了这么久，罗振宇终于变成了“罗胖”。但“罗胖”真的只能有一个吗？罗振宇团队的答案是 :《罗辑思维》的成功，不仅只是因为他的个人魅力，更是因为他掌握了一套内容生产的方法，如果这套方法能成为方法论的话，理论上其他人也能。

“得到”App 由此诞生了。在这个 App 上，罗辑思维团队邀请了各行业的知识大咖入驻，开设针对不同人群的语音专栏，生产实用性强的付费订阅内容。

“得到”像一个孵化平台，但不像微信公众号或是直播软件那样开放和低门槛，“得到”实行严格的邀请制，能够入驻的绝不能只是个“素人”，前提一定是在某个领域内容上具备非常强的专业能力。这些邀请对象往往有着非常好的内容积淀，但同时在两个方面会遇到一些问题：首先，他们对于用户的了解有限；其次，他们缺少一点产品化的能力。[1]

为了解决这两个问题，罗振宇团队首先帮助这些生产者进行重新定位，让他们明确自己传播的目的和对象：要么为企业家、投资人提供谈资，如《李翔商业内参》；要么为职场人解决实际问题，如《关系战略》；要么为古典音乐爱好者提供一种陪伴，如《雪枫音乐会》。

然后，团队要和生产者一起研究如何将内容打磨到可以吸引用户付费。这时候你就会发现，《罗辑思维》的套路被因地制宜地应用到了不同产品中。

1　何宗丞 . 主编对话罗辑思维 CEO 脱不花［EB/OL］. 文章来源 : http://www.ifanr.com/752353.

图 5-1　罗振宇的故事告诉我们，媒商可以提升，方法可以复制

万维钢的《精英日课》中就常常出现颠覆性的选题，通过反鸡汤、反常识来吸引听众。比如《为什么优等生不能改变世界》中，万维钢就表示，数据显示名校毕业生最终成为厉害人物的并不多，成功其实有很大的运气成分。

熊太行则经常在他的《关系战略》节目中创造新概念来获取注意力。他提出社会人可以分为鹰派和鸽派两种，前者更加冲动、大胆和善于社交；后者则偏封闭和被动，鹰派和鸽派都有各自的人际关系守则。

而几乎所有的"得到"节目都以案例和故事为主体，内容生产者们通过精心选择的书摘、见闻或是个人经历，为自己的结论铺路。

最重要的是，每个节目都相当具备景点意识和交付意识，话题衔接流畅、偶尔抖个小包袱，并且通过各种方式让听众有所"得到"：李翔会为每条消息标注它的作用，比如适合开会时引用、适合成为谈资、适合在实践中学习等；熊太行则在每次节目的最后附上习题，考察面对不同的人际问题应如何做出反应；万维钢更加简单直接，会在节目尾声梳理逻辑链条，得出自己对某个问题的见解。

在这样的“合伙运营”机制下，行业精英们开始将内容商业化，然后把产品交付给受众，从而在垂直领域收获了自己的粉丝——“罗胖”的道路开始被越来越多人践行，各个细分市场的“罗胖”涌现出来。

课后总结

在过去，我们很难预估一个人可以激起多大的能量，而“罗胖”的成功告诉我们：只要有一技之长，并利用媒商去打磨自己的专长，你在新媒体时代可以收获的关注不可限量。而且，这样的媒商是可以传递和复制的，只要愿意钻研和改变，你的起跑线会比别人更靠前。

在你的身边，总是有这样一类人。他们做的工作，和别人好像一样，但在向上级汇报或者对外讲述的时候，他总是能将枯燥的工作讲得绘声绘色。全媒体时代，光做不说，已经是一种不可取的现代人生存方式。语言变成一种工具，讲述本身变为一种渠道，而怎么讲，考察的就是个人的媒商高低。你是否清楚你的受众喜好？你是否能够从信息中提炼出亮点？你是否能够在沟通过程中始终不忘记重复和强化？

从这个角度来说，媒商是一种可复制的方法论。罗振宇的故事告诉我们，掌握了这套方法，原本出色的工作也可以讲述精彩，你就可以从原本的工作中脱颖而出。你以及你需要传递的信息，会获得更多的关注，会被人记忆更长的时间。而套用“罗胖”的观点，在这个时间战场上，你就获得了更多的阵地。

延伸阅读：自然语言写作方法——摘自《得到品控手册》

一、概述

“得到”是以“音频+图文”为主要方式，给用户交付知识价值。音频录制所依托的文字稿，与纸质阅读的文字稿存在本质不同。基于对知识服务的最新思考，我们总结了“自然语言写作方法”。

自然语言是人类从数百万年前演化形成的一种能力，是人脑和人脑直接交际的工具。相比文字阅读普及不到100年的历史，我们先天的大脑结构更适应自然语言的逻辑。因此，选择符合自然语言的写作方法，不仅是我们“得到”产品的载体样式，也是我们倒逼交付效果的手段，是知识服务的“根本姿势”。

二、自然语言写作的基本特征

1. 第一个特征：无对象不表达。所有交付都要有强烈的对象感为前提，做到“眼前有人”，彻底放弃自说自话的逻辑，剔除印刷文字容易出现的冗余表达，最大程度替用户省时间。

2. 第二个特征：线性交付。线性交付有明确的起点和终点：起点是用户已有的信息基础；终点是对用户完成信息交付。印刷文字是一种分布式的提取，优势在于可以调动起丰富的文化联想。而自然语言是线性交付，优势在于实现人和人之间直接的信息共振。线性交付追求单层和平行逻辑的推进方式，降低认知压力。

3. 第三个特征：两层结构。自然语言是分成两层的，一层是信息，另一层是“弹幕”。信息是指要交付的知识本体，“弹幕”是指通报性语言，就是写作者／转述者跳开文章本身，像导游一样带着用户看到“地图全景”，不停告诉他现在所处的位置，比如“刚才跟你说的是第一点，接下来我们来看第二点……“弹幕”加得好坏，本质上决定了自然语言交付的水准。

三、自然语言写作的四种方法

以线性交付的“起点—终点”为模型，可以将自然语言写作归纳成以下四种方法：

1. 从困难到容易：以抽象的概念为起点，对概念进行拆解，以交付可使用的观点为重点。

2. 从现象到概念：以已知的一堆现象为起点，对想象进行归纳，抽象出来一个非常高级的概念，作为交付的重点。

3. 从已知到未知：以用户已经知道的信息为起点，将认知推向未知的领域，就是常说“你只知其一，不知其二”。

4. 从错误到正确：以人们通常存在的认知错误为起点，终点是一个正确（或者更好）的认知。就是常说的“你以为什么什么，但是我告诉你，你错了，从一个更新的角度看这事是这样的”。总而言之，起点是俗知俗见，终点是新观念、新角度。

四、自然语言写作的一些具体技巧

1. 一对一语境，用“你”来指代用户，不要用“听众朋友们、大家、各位、你们……”

2. 开宗明义，上来就说清目的，给出利益点。结尾尽量都加一个总结。如：下面这本新书说的是怎么利用不起眼的微小改变，就能影响到他人。又如：最后，我再给你总结一下，咱们一共说了三件事……

3. 多用“比如、再比如…”“你看…你看…”等平行推进方式；不能用“一、二、三”下面再分“1、2、3”这样的多层逻辑。少用或不用“因为……所以”“不但……而且”“然后”等强逻辑推进方式。

4. 口语不追求精确完整的表述，挑最重点说，意思到位即可。比如“普林斯顿大学应用物理系著名教授麦克维尔·吉米·哈利说……”就可根据需要表述为“普林斯顿大学一位著名教授说……”甚至“一位著名的美国教授说……”

5. 多用短句，可以把意思说碎，一切以人能听明白为关键。比如，书面语——对于被捕食的动物来说，横瞳既能帮助它们拥有清晰的横向全景视觉，以探测来自不同方向的捕食者，同时又能让它们在眼睛长在两侧的情况下也能看清前方地面的情况，在遭遇捕食者追赶时，能够看准地形快速逃跑。口语——如果你在生态系统里面是被捕食者，比如山羊、斑马这些食草动物什么的。你的瞳孔一般是一个横条。为啥呢？因为瞳孔横向距离大，看的范围广啊，作为一个被捕食者，你就能更好地观察到四周的情况。

6. 专业术语、陌生概念、多音字要多解释，永远让用户一听就懂。陌生概念要借用大家熟悉的概念来解释，比如“碧根果”说是“硬壳坚果，皮厚 2 毫米……”就不如用“就像两头尖的核桃”来解释。用户可能一下听不懂的词或多音字，务必解释一下，例如：有种蚂蚁叫银蚁，是银色的银……

7. 抽象数字要转化成画面或“通感”，让人脑能凭直觉处理。必须要说的关键数字，说慢点，强化出来。比如“纸反复对折 10 次，可以达到 38 万千米那么厚，相当于地球到月球的距离”。比如“5G 网络可以让自动驾驶汽车的反应速度缩短 0.1 秒，这意味着刹车距离从 1.4 米缩短到 2.8 厘米，在交通事故中，这就是生与死之间的距离。”

8. 多运用通报性语言，跳出做“导游服务”。口语纯靠听来理解，很多时候用户注意力开个小差，再回来就跟不上趟了。通报性语言就是写作者 / 转述者跳开文章本身，像导游一样带着用户看到“地图全景”，不停告诉他现在所处的位置，比如“刚才跟你说的是第一点，接下来我们来看第二点……”“注释、解释”其实也是通报性语言。比如“说到这儿，咱们临时跳开这本书，看一个我给你特意寻找的小案例……”

9. 用问句“划重点”。可以用“你可能会想 / 说……”“那么这时你可能就会问……”这样的句式划重点，把用户在收听时内心产生的疑问直接点出来，顺手解决掉。这是非常好的把用户代入的手法。

重点阅读：学会有技巧地发言

生活中很多人能够口若悬河地说上几个小时，毫不费力；也有人在辩论中与对手唇枪舌剑、话锋凌厉；还有人循循善诱、慢条斯理却能将对方说服。

但能说并不等于会说。中国人常说，言多必失。特别是在潜在的媒体和公众关注之下，更是要对信息提前进行筛选和处理。表达欲望过强的人，容易被记者打断或是将不必要，甚至是不能让媒体知道的信息透露出去；爱好辩论的人，如果和记者就某个问题争论起来，制作出来的节目和稿件都会很好看，但对于自己一方的形象却并不一定是好事。

✧ 准备三个关键信息点

媒商要求你至少需要准备三方面内容：相关事实资料、问题预测清单以及关键信息点。

你需要对重点叙述的话题进行详尽的资料收集和整理，并对事件中多方观点进行盘点和比较。在此过程中，如果遇到有趣的故事或者数字，一定要及时记录下来。收集并记录下支持此观点的背景资料，如事例、故事和一些逸事等。这些信息能帮助读者、听众和观众更好地理解你的观点。对于与己方观点相反的意见，同样要进行收集和整理。对反方观点的论据和案例进行分析，查找可能出现的漏洞，准备好应对突发的危机。

在讲述这个话题时，你需要对受众可能的疑问进行提前梳理。你无法忽略那些大多数人都心存疑问的议题。一定要提前做好准备。你需要对人们可能提的问题进行预测，列出一张清单，在准备发言之前看看，还有没有自己不能回答的问题。

如果一次沟通，能将三件事或者三个关键信息传递出去，就可以称得上是一次成功的沟通。话不在多，而在于传递是否有效。

不要想着面面俱到，要突出重点。发言一定要点精练而且清晰，集中而且有力。谈论的内容过多会引起观众精力分散，反而让他们无法抓住信息的重点。发言一定要简洁，不要让重要的信息淹没在冗长的陈述中。不要觉得有些事实是不言而喻的，要关注到信息的不对称性，不是每个记者、读者或听众都和你知道得一样多，要对你的回答进行清楚而简洁的解释。

当你做完这三方面资料收集，接下来要开始将资料之间做链接。针对你准备好的关键信息点，你要把事前准备好的资料进行归类。那些事先准备好的数字和故事，这时候就成为某一个关键信息点论据的一部分了。

对于你要陈述的关键信息点，一定不能忘记的事情就是重复。重复往往能加深印象。重要的事情说三遍。我们要学会用不同的方式反复讲述同一个故事，或者使用同一种叙述方式以加深印象。不断重复强调的事件会被定义为当前紧要事件，往往会受到更多的关注，公众也最有可能记住这些常听到的信息。

如果你的讲述会涉及过多数据，可以用醒目的方式特别标注出来。根据内容，调整语气和节奏，不要照本宣科。可以准备一些简单的文字材料放在手里，最好能用一种口语化的、生动的、形象的语言进行表达。

对于机构来说，关键信息的准备需要经过内部协商，结合新闻热点，准确表达机构在该事件上的观点、态度或措施；要把重要的信息放在最前面，行文要简洁，陈述事实，避免情绪化观点呈现。关键信息的发布要求整个事件处理部门安排统一的出口发布消息，保证消息的权威性和有效性。

✧ 学会不断地过渡

你的发言主题一定要集中，而且需要避免在后期问答过程中让话题变得发散。

一个关键信息点，加以故事、数据等丰富的论据，然后用一种人们可以接受的逻辑，进入下一个关键信息点。这就要求，提前准备好的三个关键信息点彼此之间有一定联系。这种联系，不一定是因果、顺序等强逻辑关系。有时候形式上的相似性也可以起到这种作用。一些人喜欢用字数齐整的短语来引领每一个要点，也可以达到同样的作用。

关键信息点之间需要有技巧地过渡。同样地，如果现场听众问了一个与主题并不相关或是你不想重点回答的问题，那么这时候，就需要媒商的另一个工具，即 ABC 模板：Answer（回答）、Bridge（过渡）和 Conclude（总结）。

也就是说，在回答问题时，要将话题过渡到关键信息点，最后总结告诉对方这些事实意味着什么，并以此作为结论。问题回答模板和关键信息点结合起来才能发挥威力。不要让对方去推测你的主要观点，要抓住每个机会及时过渡到关键信息点。

要学会在回答的同时，将事先制定的要点内容进行适当转换，借机传递出去。我们可以学习重新定义问题，如果记者问了一个宏观的问题，我们可以将问题缩小到我们熟悉的具体的点上回答。

中国人习惯说“三六九”。在发言时，同样有一个“三六九”原则方便大家记忆。“三”就是三个关键的信息点，一次内容不要说很多，不要想在一次演讲或者采访里面表达所有的内容，选择三个关键的信息点，做到简要。“六”就是六年级小孩能听懂的话。要根据受众采取不同的表达方式，要用尽可能简单的话去跟公众进行沟通。“九”是指 90 秒钟，在一个问题上不要徘徊太长时间。人们的注意力会变得分散。如果可以的话，每 90 秒钟或是 2 分钟要在话题中间设置一个“包袱”。这个“包袱”可以是搞笑的、悲伤的，可以是段子、故事、数字甚至是停顿。总体来说，这个“包袱”可以让已经快昏昏入睡的人们赶紧醒过来。如果你的演讲或是采访全场都是笑点、爆点不断，那么绝对可以 High 翻全场了。

鼓励粉丝黑自己
选择接地气的话题达到共鸣
注重互动和共鸣

放大无法改变的缺点
猛黑自己的优点
选择正确的“黑点”

软化犀利话题

低姿态的处世策略

赢得粉丝的宠溺
搭配一点自恋

良好的幽默感

提升曝光度

“自黑”的作用

有效“自黑”的方法

邓超

第六课

自黑是一种保护色——围观邓超的花样撒娇

课前引导

新媒体时代，一切内容都在走向轻悦化，无论是媒体还是个人，都喜欢用轻松幽默的方式进行自我表达。

在所有媒介呈现的方法中，“自黑”是一种最特别的手段。一些人主动暴露自己的缺陷和尴尬，进行自我嘲讽、自我贬低，居然取得了化腐朽为神奇、化攻击为赞美的效果。对于经常要面对舆论浪潮和围观指点的公众人物，“自黑”甚至成了必不可少的生存技能。

事实上，能够在媒介环境中进行有效“自黑”，与个人的媒商密切相关。媒商是基于对受众的深刻理解之上的综合素质。面对滔天的质疑和批判，拥有高媒商的你，才能相对从容地去分析，哪些才是真正需要自己应对的意见，哪些则需要一笑而过。我们都知道当局者迷，所以媒商要求你拥有一种超脱的心态，去更从容、客观地审时度势。有时候，一旦带入过多情绪或是个人感受，这种沟通就不会成功，你真正想说的那些信息反而会被淹没在泛滥的情绪中。

媒商高的人，会以建设性的眼光去看待面临的问题。聪明人可以通过自揭短板使事情变得好笑又不失分寸，还有人能够通过长期的自嘲自讽，赢得更多人的喜爱和赞美。

演员邓超就是这样一个剑走偏锋的典型，他长期在社交媒体上“自黑”，不仅没有掉粉，还带动了越来越多人的理解和互动。

邓超是怎么做到有效“自黑”的？如今的媒体时代，这样看似给自己“挖坑”的方式，到底有着怎样的独到逻辑？

一、选择自黑，选择低姿态

自我调侃古已有之，并不是什么新鲜事，但互联网时代的“自黑”和文人墨客的自嘲又有所不同。

不同时空的人们很难找到合适的沟通方式和共同的话题。此时，轻松幽默的“自黑”，就成了最低门槛的话题，既可以让人们广泛参与，又不伤害他人。而社交媒体的围观文化，也激发了人们自我表演的欲望，“自黑”成了符合这种媒介环境的呈现方式。

尤其对于公众人物来说，社交媒体上的“自黑”不仅是博人一笑的调味剂，更是自我保护的预防针。

美国的著名演员芭芭拉·史翠珊曾在回忆录里说过：“聚光灯下的人，都得适度展示缺陷，为人们留下气口，如果自己不肯展示，人们就会自发寻找缺陷，甚至，让完美变成一种最大的缺陷。因为坏未必让人不满，好未必让人满足。”[1]

1　韩松落 . 适度的缺陷［EB/OL］. http://www.lw5u.com/zz/nanfangrenwuzhoukan/news/itemid-682302.html.

图 6-1 面上是自己主动贴的黑色，底子却是越来越白皙

邓超是以演正剧出名的，相当长一段时间内塑造的是“皇帝专业户”和“高干子弟”这样不太接地气的形象。让他开始放下包袱的是在 2014 年，他推出了自导自演的喜剧电影《分手大师》。电影中的笑料、段子密集，为了配合这样的欢乐精神，他无论在接受采访还是发布社交媒体内容时，都主动插科打诨，积极自黑，用他自己的话是“走上了这条不归路”。

在微博上，他一会儿放出自己扮成黑人跳舞的视频，一会儿晒出自己模仿黑天鹅的化妆照，当别人问到，为什么选择杨幂而不是自己的妻子孙俪来出演女主角，他回答：“分手大师就是在安排自己破坏自己和孙俪的婚姻。”

通过娱人娱己方式，邓超一方面赚取了眼球，另一方面也软化了犀利的话题。更重要的是，新媒体平台可以让他的言行直接接收到回馈，为“自黑”的效果提供了简单的度量衡：网络关注度、粉丝点赞数和媒体曝光率。当这些检测指标明显向好的时候，邓超决定在“自黑”之路上越走越远，彻底地燃烧自我。

在他日常的微博更新中，开始出现越来越多搞怪的自拍、PS

的丑图、自己的糗事和搞笑的段子，良好的幽默感加上喜剧式的表演天赋，使他微博的各项数据都明显飙升。比如他曾发布一组新电影的剧照，然后说："我相册里最丑的一组照片，你敢晒你最丑的吗？"收获了五十多万个赞和八万多条评论。"自黑"的同时，既宣传了新电影，又增加了自己的关注度。不少粉丝表示，关注邓超就是想看看"今天他又作了什么妖"。

邓超的吸睛大法让我们看到，在新媒体时代，"自黑"不仅是一种独特的处世策略和言语策略，也是一种提升曝光度的手段。心理学者分析，人在示弱的时候，很容易引起别人的同情心，并激发出别人"善"的一面。对于公众人物来说，恰到好处地示弱，就是告诉别人"我和你一样并非完人"，可以拉近与粉丝的距离，获得包容和理解。毕竟，一个永远高大全的形象维系起来太难，有点纰漏、接地气的角色才更容易被大众接受。

二、找准路线，认清黑点

即便有了"自黑"的欲望、想法和魄力，在新媒体环境中，想要做到有效"自黑"而"不招黑"，并不容易。我们必须要掌握门道、找准路线，知道自己哪里能黑，哪里是真黑。

通过对一些公众人物进行合并同类项，媒商实验室总结了一个简单的公式：良好的幽默感 + 正确的黑点 + 一点自恋 + 互动共鸣 = 有效的"自黑"。

1. 良好的幽默感是前提

虽然说"自黑"是一种表演，但表演的底色其实是一个人的真性情。只有真的放得下架子、开得起玩笑、禁得住嘲讽，才能让"自黑"看上去并不费力。

拿邓超来说，他在现实生活中就是一个开朗甚至有点疯癫的人，性格中的幽默感是他创作“自黑”素材的源泉，这让他发布的内容显得自然而有新鲜感。而如果是一个本身缺乏创作能力的人，刻意模仿别人的套路也许能够适用一两次，但总会有“剧本荒”的时候。

由此可见，良好的幽默感是一切“自黑”活动的前提。

2. 正确的黑点是关键

“自黑”最重要的是找准切入口，而常见的切入口有两种：放大自己的缺点和猛黑自己的优点。

而什么样的缺点是可以被放大的呢？答案是：无法改变的客观事实，包括长相、身高，说出的话、做过的事等。这些既定事实，已经给了众人先入为主的印象，也不再有可以挽回的余地，那不如用“自黑”调侃一把。直面并放大自己的缺点，是以退为进、以屈求伸的最佳策略。

除了经常在微博爆自己的丑照、蠢事的邓超，很多公众人物也深谙此道。

马云头大、身材矮小，他曾在演讲中直言自己长得像外星人，引得观众阵阵发笑。在微博上，他发布过网络热传的“小马云”和“老马云”的照片，以及自己在公司年会上扮演Lady Gaga的现场照，这不仅让围观群众会心一笑，还表现了自己的通达。

在电视剧《三生三世十里桃花》热映期间，有网友指出女主角杨幂的发际线非常靠后，一时成了微博热议话题。对此，她在微博上非常实在地坦言：“我是一个禁不起批评的人，如果你们批评我……我就去植发！”还表示，“你们要好好珍惜现在还有头发的我，好好去看下《三生三世十里桃花》里美丽的我，可能看不了几年了”。对于发际线的群嘲，她虚心接受，自我解嘲，还顺便宣传了新剧，可以算得上是成功“自黑”的典范。

在言行方面，雷军和黄晓明都曾因为英语口音受尽嘲讽，对于这样的事实，两人也不吝自嘲。雷军在参加节目时说：“我英语这么差还是武汉大学的杰出校友……”而黄晓明在接受采访时直言：“我说得最好的英文，就是 Angelababy。”他们在承认缺点的同时，也提到了自己的优点，这样的回应风趣又不失体面。

社交媒体是一个自我展示的平台，多多少少会带一些炫耀属性。如果直接展现自己的优点成就，很容易引发他人的反感，而拿自己的长处开黑则更容易被人接受得多。邓超就是通过这样的方式来炫耀自己的家庭关系和友谊。

他的微博中，关于妻子和子女的内容占了相当大的比重，并且大多是通过戏谑的语气说出来。他会发布一组妻子孙俪的时尚大片，然后说：“请大家帮忙转发，我不想跪搓衣板。”或者假装生气地发声：“一家四口，邓超最丑。是世界上最大的笑话。”有时候他会故意贬低妻子面包做得火候不到、手工做得不精致，也会晒出儿子女儿在他胳膊上胡乱作画的照片。看似家庭地位低、怨言不断的他，其实是在用这种取巧的方式炫耀亲人和睦，而粉丝们对这些“甜蜜的烦恼”相当买账。

对于名人明星，晒出自己和圈内同行的互动合影，是社交地位和人缘的反映。而纵观邓超的微博，关系越是亲密的朋友，他怼得越多：管鹿晗叫儿子，嘲笑王祖蓝个子矮，为李晨催婚，对朋友们的丑照也不放过。

无论是亲情还是友情，邓超都以“怼”为“晒”，因为只有对关系足够自信，才敢“自黑”。这样的方式也是对自身优点的软植入，人们可以感受到他爱妻子、疼子女、广交朋友，却并不觉得这些信息传达得刻意生硬。

可见，在放大镜般的媒体环境中，对于“黑点”的挑选尤为重要，哪里可以黑，哪里是真黑，一定要分清。

3. 搭配一点自恋

邓超的“自黑”，还有一个特征，就是会带有一点自恋。他会用近乎撒娇的方式故意夸赞自己，这样明显的自夸其实也是一种“自黑”，提前免疫了自己可能会受到的攻击。

有一次，他发布了一张自己穿着短裤的照片，照片中他双腿呈 120 度叉开，腿部肌肉紧实，线条分明。他为自己的照片仅仅配了一个字“腿＿＿＿＿＿＿。”并在自己微博下留言“腿长，美，白，有线条，结实，无瑕，智慧，油品，耐用，正能量”，毫不吝啬地自夸了一番。网友看到照片后则纷纷留言调侃，“怎么这么粗”“娘娘表示不服”“腿好短”“像红烧肘子”。正是邓超主动拿自己开涮，让其他的评价也显得随意起来。

还有一次，他在微博发布了一段视频，视频中他投篮连中数次，配文是：“NBA 通知我去参加明年的选秀，不知道会在第几顺位,被哪支球队选中呢？”下面的评论点赞数前几名包括“你好，可能会被啦啦队选中”“会被隔壁花仙子幼儿园篮球队选中做替补”和“甩毛巾都轮不到你瞎凑什么”。不得不说，邓超的这个选择有几分高明，如果他直接说自己球技高超显得无趣，如果自嘲球技太差又显得虚伪，那不如用远超出自己水准的形容来夸赞自己，在粉丝的嬉笑怒骂中收获关注。

4. 注重互动和共鸣

新媒体早已打破了单向传播的格局，内容上的互动反馈和情感共鸣成了营造形象的必选动作。

既然选择了“自黑”，邓超就彻底放弃了“高冷”路线，他不断为粉丝制造欢乐、与粉丝互动、给粉丝点赞，最终和他们在笑点上达成了默契，也赢得了他们的宠溺。

一次，邓超晒出带着儿女出行的照片，照片中他独自走在前面，儿子边走边摸妹妹的头，让身为父亲的自己显得很“多余”。他直接配文：“请把我 P 掉，谢谢！”网友们立刻在评论区晒出 PS 后只剩兄妹的图，或者直接把邓超打上马赛克，围观群众一片“幸灾乐祸”，而 # 请把我 P 掉 # 成了微博热门话题。

除了主动引导粉丝黑自己之外，他还会选择接地气的话题与粉丝们达到共鸣。过年期间，谁都免不了大鱼大肉，邓超表示自己胖了的同时还不忘为胖子们解围：“过年胖的不是肉，是对家乡的怀念、同学的友谊、父母的爱”，以及“胖只胖脸的人都是正直的”。都达到了不错的传播效果。

通过接地气的互动方式，邓超鼓励粉丝进入自己的幽默逻辑中，他越来越能戳准粉丝的笑穴，而粉丝也变得越来越“懂他”。

课后总结

回顾邓超的“黑红史”会发现，他的难得之处在于，可以清晰地认识到：舆论浪潮和围观八卦，是这个时代的公众人物必须承受的东西。他表面上的装疯卖傻，实际上是对舆论心存敬畏——面对非议不会硬顶，而是低一个身位，乃至提前站到舆论的前面进行自我消遣。通过长期的“自黑”，他与粉丝建立了别样的默契和感情，成了一呼万应的“大 V”。

要知道，“自黑”作为一种营销手段已经在社交媒体上蔚然成风，越来越多的机构和个人在面临公众舆论时采用“自黑式”公关转危为安，从风口浪尖全身而退，有时候还能收获更多人的喜爱。

在"袁姗姗滚出娱乐圈"的网络言论盛行时，她在微博上传自己在地上做出翻滚动作的照片，大度回应；当高晓松身处"矮大紧"的群嘲声中，他故意发出各种辣眼睛的自拍丑照，笑称"我的脸已经离家出走"；雷军在印度演讲时说了一句带口音的"Are you OK"，被网友疯狂恶搞，他不怒不恼，干脆让小米推出了"Are you OK"纪念 T 恤，把嘲讽变成了生意……他们都在通过形式各异的"自黑"告诉人们"我不怕来自他人的恶意抹黑"。

因此，当你的媒介形象需要调剂时，不如学学邓超们，通过精心选择一些"黑点"与众君同乐；当尴尬和诋毁发生时，也不如学学邓超们，巧妙调侃一下"缺陷"，顺水推舟，借力打力。这不仅可以为自己涂上一层保护色，甚至能黑到深处自然红起来。

从这个角度来说，媒商是一种包容的心态，是一种幽默的应对，是一种建设性的解决方法。信息传递，不一定非要是从起点到终点的强硬推送，也可以是一种"退一步海阔天空"的曲线救国。

重点阅读：态度比说理管用

勒庞在《乌合之众》一书中写道："群体表现出来的感情不管是好是坏，其突出的特点就是极为简单而夸张。在这方面，就像许多其他方面一样，群体中的个人类似于原始人，因为他不能做出细致的区分，他把事情视为一个整体，看不到它们的中间过渡状态。群体情绪的夸张也受到另一事实的强化，即不管什么感情，一旦它表现出来，通过暗示和传染过程进行非常迅速的传播，它所明确赞扬的目标就会力量大增。"在群体心理学中，从众是重要的心理机制之一。而网络时代的匿名性更促使人们愿意更快地发表意见，也在观点的形成和倾向方面促发了从众行为的加剧。

在全媒体时代公众参与的话题上，人们往往并不像你期待的那么理性。大多数时候，非理性的、情绪化的表达才是常态。在这种情况之下，选择一开始就讲道理，并不是一个明智的选择。人们不愿也不会去听你的长篇大论。如果在态度、在情感层面，没有办法被对方接受，那么接下来要传递的信息都将被阻拦在这一环节，无法到达。

过去几年，一些地方政府在引进 PX 项目、核项目时都遭遇了市民的严重抗议。有的就是因为一开始思考框架过于单一，以为用经济利益就可以搞定。但是公众对这一议题的顾虑，远不止经济利益这一项，还有健康、习惯、风俗等社会人文维度。缺少同理心，以己度人，就容易忽略对方真正的意图，从而使沟通失效。

全媒体时代，信息流动速度越快，给予人们全面吸收、冷静思考的时间就越短。复杂的数据、技术词汇、科学解释不容易被理解，在快速沟通的情况下，也容易被简化或歪曲。在这种情况下，强调态度反而成为更为有效的沟通手段。态度被接受了，后续的沟通才可能有效。

作为企业，出了问题犯了错之后，你是否愿意道歉？是否重视？有多重视？你能否理解对方的伤痛？你是否愿意做出努力去改变？你是否愿意为此去惩罚你的员工？对这些问题的回答，都将反映出你对这件事情的态度。

在一些严肃的科学或技术领域中，大型机构或是专业人士容易与媒体、公众发生冲突，因为他们总是试图用专业术语去进行说服。但事实上，煽情的故事更容易博取收视率。观众中的专业人士很少，大多数人对故事性、情感性、戏剧化的内容更感兴趣。如果在沟通时，不变通而固守硬性标准、政策、法规等，容易被误解为态度傲慢，引发不必要的冲突。一些权威人士或者大企业往往容易为其所困，小的、新的公司反而容易灵活回应。

2012年11月下旬，肯德基的原料供应商之一山西粟海集团被爆养殖45天的“速生鸡”，引发对原料鸡过量用药的质疑。29日，肯德基在官方微博上发表声明对该事件做出回应，称白羽鸡45天的生长周期属正常现象，没有证据显示供应商山西粟海集团在养殖过程中存在违规操作现象，希望消费者理性对待。

但媒体并未就此止步，舆论也没有接受肯德基这一表态。2012年12月18日，央视暗访多地养殖场，曝光其违规在饲料里添加多种抗生素和激素类药品。部分养殖场的“速生鸡”未经检验流入百胜餐饮集团上海物流中心。随后，肯德基方面承认已经“自查”发现部分肉鸡原料的“药残超标”,但认为不存在“瞒报”，称“目前中国相关法律、法规没有规定要求企业向政府呈报自检结果和向社会披露自检结果”。但在人们已经对食品安全产生怀疑的情况下，用法律做挡箭牌也无济于事。

在舆论压力之下，2013年年初，肯德基方面终于面向公众正式道歉，承认自检流程可操作性欠佳、公司内部沟通不到位、供应商调整速度不够迅速、检测结果没有主动通报政府。但“欠佳”“不到位”“不够迅速”等措辞却被网友批评为缺乏诚意。

面对焦急和愤怒的公众，用生硬的政策语言和干瘪的套话进行回应，无疑是一种错位沟通。企业在出现危机时首先要保持冷静，不要急于辩解，不要急于证明企业有多么合格和优秀。反而要有一颗同理心，倾听公众的所思所想，了解他们的内心需求，从关怀和稳定消费者的情绪入手。如果一味强调合法、合规，反而会显得企业冷漠和不近人情。

面对焦急和愤怒的公众，任何时候都要保持冷静，清晰地回答问题并作说明。表现亲和力。聆听提问和回答时都应眼神坚定，回答问题时要简短清楚。多使用正面肢体语言。表达乐意帮助媒体提供新闻的协助态度。避免针锋相对的情景，温和而坚定地表达原则立场。必要时，承认错误，建立勇于负责的形象。

态度本身，往往隐藏于字里行间。即使有“道歉”字样，但如果其他的信息不能与之相匹配，同样会让人感觉不够诚恳。

2016 年 8 月 26 日，甘肃康乐县景古镇阿姑山村一位年轻母亲杨改兰杀死 4 个孩子后，服毒自杀，不治身亡。几天后该女子丈夫也服毒身亡。经媒体报道后，该新闻引发全国关注。

然而，面对这一人间惨剧，有关方面对此事的通报却依然缺少诚意。9 月 8 日晚 23 时 58 分认证为“甘肃临夏康乐县公安局”的微博账号公布了案情初步调查情况。通告中对案情细节进行了披露，并表示，杨改兰等 5 人相继死亡后，当地政府组织本村群众帮助李某英（杨改兰丈夫）妥善安葬了死者。对李某英本人，当地政府人员专门上门进行了安抚慰问和心理疏导。通告称，事发后李某英在慰问和安抚下“情绪稳定”，但几天后服毒自杀。

“情绪稳定”“高度重视”“妥善安排”“深刻认识”……这些都是人们记忆深刻的“官话”“套话”。而在这样一套看似措辞谨慎的口径中，人们却难以察觉，相关部门在此事中的真实态度。在类似这样的悲惨案件中，仅仅用“不够诚恳”已经难以形容，说其为“冷漠”“无情”更为准确。而冷漠和无情的人和机构，注定不会得到公众的理解。

除了冷漠和无情，一些机构还容易在态度层面上叫屈喊冤。而一旦陷入这种悲愤的情绪中，就容易与舆论陷入一种拉锯战——一方面，舆论对于已经出现的问题毫不松口；另一方面，涉事机构百口莫辩，连连叫冤。当这种拉锯状态持续多日后，舆论会被新的热点吸引，转战他方，但仍然会对涉事机构的声誉品牌造成严重损害，并遗留下沉重的舆情负债难以化解。

在制定目标策略的过程中，最重要的莫过于清醒与自控。全媒体时代，习惯性自我批评的人往往能在公开场合收获更多的支持，而在负面事件发生期间的自我表扬或自我肯定，容易引起舆论的强烈反弹。正所谓“退一步海阔天空”。全媒体时代，态度如果被对方接受，后续的信息传递也会更加有效。反之，则会陷入双方对峙毫不相让的拉锯战。

课外故事：中关村二小的两份声明

2016 年 12 月 8 日，一篇《每对母子都是生死之交，我要陪他向校园霸凌说 NO！》的文章引爆微信朋友圈，在网络上引发热议，拉开了北京中关村二小“校园霸凌”事件的大幕。

撰文者自称是北京市海淀区中关村二小四年级某 10 岁男孩的妈妈，称孩子在学校被同学用厕所垃圾筐扣头等方式欺负，出现失眠、厌食、恐惧上学等症状，被医院诊断为“急性应激反应”。此外，这名男孩从三年级开始就被骂“侮辱性外号”。

随后媒体报道称，这名母亲曾向学校反映，恶作剧的孩子也承认欺凌行为。但一名对方家长因为觉得这“就是孩子淘气”而拒绝道歉，老师定性此事为“就是开了一个过分的玩笑”，并让她放弃“处理、惩戒施暴的孩子”“让施暴者的家长道歉”等四点诉求。而校领导的态度更为粗暴，认为“孩子在学校受伤就该学校管，家长不可以有意见”。“我们明明是受害者，只要求学校处理和道歉，为什么要被如此对待？”这位家长如是说。

根据公开资料显示，中关村二小是海淀区乃至北京市所属重点小学之一，周围学区房房价每平方米都在 10 万元以上。

该文在社交媒体上引发疯狂转发和评论，并引发各大传统媒体纷纷跟进报道，形成了强大的舆论压力。这让事件相关方面，如学校、教委等都非常紧张。

12月10日，中关村二小发表第一份声明如下。

承蒙社会各界长期以来对学校的关注和支持，我校一直认真落实教育部、北京市以及海淀区教委文件精神，始终坚持立德树人，秉承二小的办学理念，关心、爱护学校的每一位学生，坚守教育责任，努力让每一位学生都能健康快乐成长。

近期，一起发生在我校三名中年级学生、家长之间的事件引发了社会的关注。从事发到现在，学校一直在积极努力协调，客观、公正地处理几方家长间的相关诉求和矛盾纠纷。本着保护好每一位未成年孩子的合法权益，特别是事件中提到的受伤害的未成年人原则，学校还将做持续努力，力争达到多方认可的结果。

此外，针对近期网络上出现的关于我校以及相关事件的不实言论，我校将保留通过法律途径维护学生及学校声誉，并追究相关主体责任的权利。

在此，我们真诚地呼吁：关心关注此事的媒体和公众，从保护未成年人健康成长、维护学校正常教育秩序的角度出发，让教育问题回归校园进行处理。我们诚恳接受社会各界的监督和帮助！

但这份声明受到网民和家长们的强烈质疑。可以说彻底“激怒”了社会公众。中关村二小随后不得不关闭了微博评论。有网民直接“翻译”了这份声明：“第一段，我校很牛。第二段，我校已处理。第三段，再在网上议论我校，分分钟给你发律师函。第四段，快散了吧，虽然你们不能把我校怎样，但还是挺烦人的。”

全媒体时代，一言不慎，不仅不能解决当下的危机，反而有可能带来更大的质疑和伤害。网络上的质疑情绪随后蔓延到此前较为冷静的主流媒体上。未来网12日发表了署名评论员文章《面对众怒，中关村二小为何充耳不闻》，直指中关村二小“折射出来的傲慢与自大，怎么看都不像一个教育机构该有的作为”。

中关村二小于12月13日发布第二份声明，并接受了《中国教育报》专访。第二份声明摘要如下。

近期我校发生的学生受伤害事件，引起社会各界广泛关注。对该事件的发生，我们深深自责；对该事件给学生及家长带来的伤害，我们深表歉意。经过学校认真核查，现将截至目前的有关情况说明如下。

一、事件发生的基本经过

学校在调查该事件的过程中，调取了事发前后楼道内监控录像（厕所内没有监控）。监控显示：2016年11月24日上午10时03分10秒，明明（化名，即受到伤害的同学）从教室出来进入厕所。03分17秒至18秒，军军（化名）同学和亮亮（化名）同学从操场进楼后相继进入厕所，03分47秒至48秒，军军和亮亮一前一后跑出了厕所回到教室。04分22秒，明明从厕所出来回到教室，在楼道里边走边用袖子擦着额头。整个过程，明明在厕所里的时间为1分12秒，亮亮和军军在厕所里待了30秒，明明是在其他两人离开厕所后34秒走出厕所的。

明明在事后的11月25日至12月1日均按时到校上课，12月2日经明明父亲请病假后未再到校。

……

二、事件发生后学校所做的工作

事件发生后，学校一直在做相关家长工作。调解过程中，明明的家长坚持要求学校认定亮亮、军军的行为是校园欺凌行为并记录在案，且书面提出四项诉求（以下为原文）：

1. 将施暴者亮亮、军军的行为定性，通报批评并记录在案，采取矫治措施予以教育惩戒。

2. 保护明明在校期间的身心安全，不因受害者身份遭到二度伤害。

3. 要求亮亮、军军家长进行诚恳的书面道歉，在校领导面前、三个孩子均在场的情况下宣读道歉书，保证这两个孩子不再对我们进行霸凌侵害，拒绝口头和敷衍的态度。

4. 明明因此事已经造成心理创伤，需要进行专业的儿童心理干预，军军、亮亮家长需承担此部分治疗费用。

为此，学校与三位同学的家长就上述诉求反复进行沟通，亮亮和妈妈向明明及其父母当面致歉，军军的家长也对孩子的不当行为进行了教育，但亮亮和军军的家长不认可此事是校园欺凌行为，更不是施暴行为，故始终未能达成共识。

经学校多方调查、了解，明明和亮亮、军军属于正常的同学关系，课上、课下互动交往正常，有互相起外号现象，但没有明显的矛盾冲突。我们认为，上述偶发事件尚不足以认定亮亮和军军的行为已经构成校园"欺凌"或"暴力"。

在明明请假期间，班主任老师每天询问孩子情况，并告知学习进度及记事。老师和校领导多次提出到明明家看望孩子并与家长沟通，但均被家长以各种缘由推托。

从事件发生至今，学校一直在积极努力做工作。相关负责人员和老师全程参与了调查、调解和学生教育引导等工作。

通过此事件，我们将汲取教训，以此为鉴，本着认真理性、客观公正的原则，妥善处理，同时严格学校日常安全管理，开展心理辅导，组织系列主题活动，通过师生互动、同伴交流等方式，引导学生建立平等友爱的同学关系，让每一位孩子在我们的校园里健康成长、全面发展。

第二份声明从伊始即放低了姿态，并且加入了非常丰富的事实细节，梳理了事件发生的时间表，并对家长诉求以及学校后续采取的措施进行了完整的描述。与此同时，该校校长在《中国教育报》的专访中，也较为完整地表达了对此事件的态度，向公众释疑解惑。盘踞在中关村二小上方的舆论危机开始逐渐化解，陆续有一些支持校方或是中立探讨的理性声音出现。

同一件事情，前后两份不同的声明，却引发了媒体和公众不同的反应，问题的关键之一在于态度。第一份声明中透露的，是传统的“我关注我管辖”的态度，但学校作为受质疑的一方，这样的态度很难得到媒体和公众的理解。第二份声明，则是以“低姿态 + 事实 + 措施”来回应。人们接受了学校的态度，对其后续发布的事实和措施的细节也会跟进关注了。

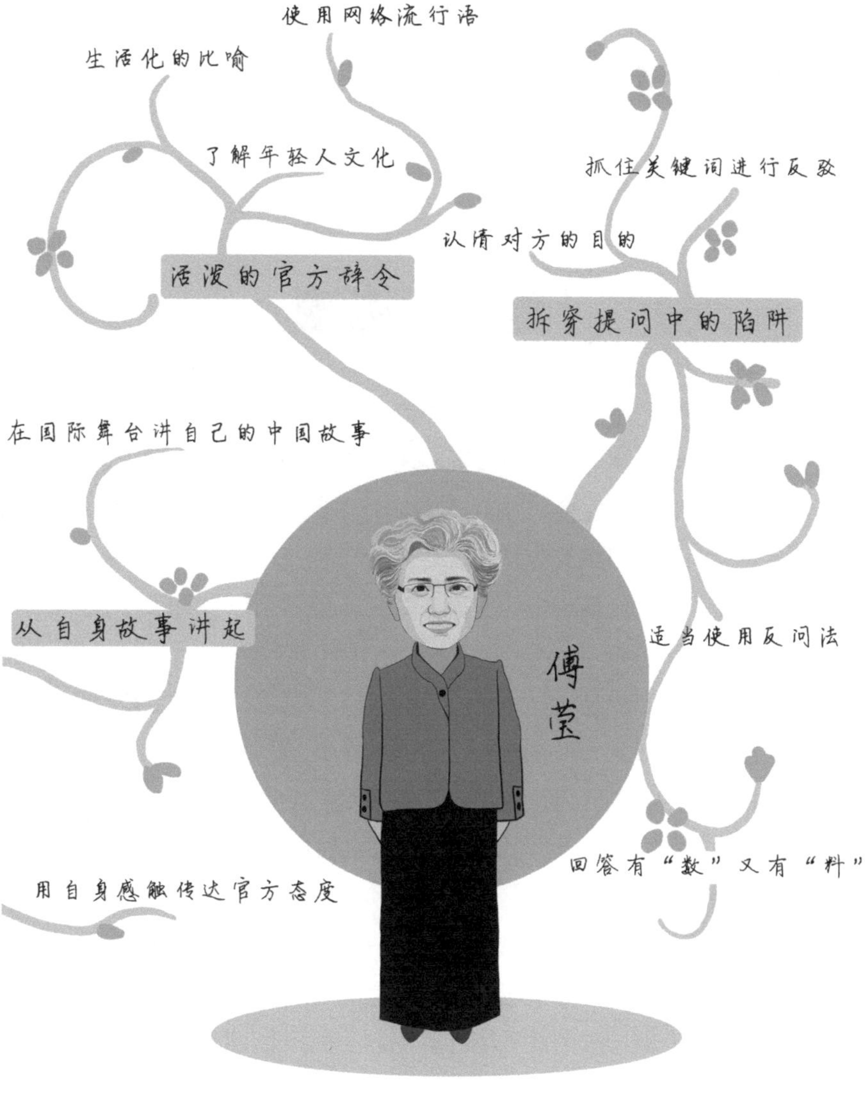

使用网络流行语

生活化的比喻

了解年轻人文化

抓住关键词进行反驳

认清对方的目的

活泼的官方辞令

拆穿提问中的陷阱

在国际舞台讲自己的中国故事

从自身故事讲起

适当使用反问法

傅莹

回答有“数”又有“料”

用自身感触传达官方态度

第七课

刚柔并济是一种态度——听傅莹讲中国故事

课前引导

对于一个组织来说，新闻发言人是与外界沟通的“润滑剂”，在重大事件发生时，他们负责阐述观点立场，提供权威信息，并回答记者提问。媒商，并不只是个人的一项素质，也是组织的一项重要功能。组织的信息，需要通过一定的工作机制，通过特定的个人，对外传播出去。在很多时候，这个特定的个人，就是机构的新闻发言人。

个性鲜明或是极具语言天赋的新闻发言人，无疑会提升组织信息的传播效果。而在对外沟通的过程中，遭遇一些突发情况或是极具挑战性的问题，更加考验新闻发言人的临场反应。能否在遇到挑战的那一刻，还能够淡定应对，随机应变，将信息传递出去，考察的恰恰是发言人的媒商高低。

曾为外交部副部长的傅莹可以算得上是对外沟通的范本之一。她将坚定的国家立场和女性特有的柔情相结合，在不同场合向世界展示着中国的发展与自信。曾经有外国元首盛赞傅莹是“最能清晰传递中国声音的使者之一”。

走近傅莹，看她在十面埋伏的外交场合扭转乾坤，深入浅出地解释官方政策，用自己的故事引发共鸣。

一、一针见血拆穿陷阱

由于立场差异，一些媒体在提问时往往预设了语言的陷阱，如果不小心走进了对方的套路，很容易变得有理说不清。因此，在听到问题以后，要在第一时间认清对方提问的目的，并抓住关键词进行反驳，不让脏水被泼到自己身上。在这方面，傅莹就很擅长戳穿外媒偷换概念和意义歪曲的“把戏”。

在第52届慕尼黑安全会议中国专场论坛中，论坛主持人与傅莹谈到朝核问题，问道：“中国是否已对前盟友朝鲜失去了控制？”这个问题看似只有两种答案，“是”或者“否”，但事实上这是主持人设下的圈套，预设了中国过去曾控制、现在仍然在试图控制朝鲜。如果按照主持人的逻辑回答，就等于承认了这种预设。

傅莹很快意识到了这一点，微笑着直接向对方指出：“你的这种用语很西方。对一个国家，失去了控制，而且还是主权国家。”这也引发了台下的笑声，傅莹接着说：“中国不是这么想的，我们不控制任何国家，我们也从没控制过任何国家，我们也不想被控制。”在回答的最后，她还点出了问题的真正关键所在：“美国不要总想把问题外包给中国，解决朝鲜安全关键的钥匙在美国人手中。”

图7-1　遇到难回答的问题，要知道如何优雅地“怼”回去

而在面对另一个“二选一”的问题时，傅莹则选择了双选。在接受德国《时代》周刊的采访时，记者问道 :“傅莹女士，这次出访欧洲，你认为欧洲大陆是属于未来还是过去呢? ”这个提问绵里藏针，如果答“属于未来”显得姿态过低，答“属于过去”又显得姿态过高。而傅莹的回答是 :“兼而有之吧。”她先指出欧洲深植于过去，对文学和工业化都有巨大贡献，又提到欧洲同时属于未来，在应对气候变化、发展可再生能源方面，处于世界领先水平。这个回答既不卑不亢，又体现了回答者的学识和风度。

傅莹的回答风格往往遇强则强，当提问者的挑拨意图过于明显时，她更是毫不客气。在一次新闻发布会中，哥伦比亚广播公司的记者发问 :“中国曾经宣誓将不在南中国海进行军事化，但是实际上又在进行军事部署，国际社会认为这将对南中国海的和平与稳定造成威胁，对此您怎么看? ”这个问题一下子将中国置于“不诚信”和“崇尚武力”的位置上。傅莹第一句话就点明了对方的不良动机 :“‘军事化’这个词炒得挺唬人的，我认为这是不是有点语言霸权? 把这么一个大帽子扣在中国人头上，这种做法容易误导形势。”然后她才具体解释了中国的行动和态度。

傅莹曾经调侃过，几乎在每一次重要新闻发布会上，她都要回应境外媒体抛出的“必答题”——军费。在十二届全国人大五次会议的新闻发布会上，一名 CNN 记者表示，近年来中国军事实力不断增长，包括航母的打造、南海诸岛的岛礁的建设和领土争端等问题，都让中国的军力在增长，所以想知道中国今年的军费开支会有怎样的增幅?

这个问题来者不善，记者开头就着重描述了“打造航母”“南海问题”和“领土争端”等冲突，随后询问军费增长情况，以及军费增长与美国的关系。他先预设了中国对外形势紧张的氛围，又预设了为了应对冲突中国要增加军费的行动，还预设了中美存在军备竞赛的可能性。

对于这个问题，傅莹的回答，既有“数”又有“料”。她先摆出立场，强调每年中国政府是根据国防建设的需求和国民经济发展的水平来确定国防费的规模，然后给出具体数字：“2017年中国国防费增长的幅度是7%左右。国防费在GDP中占的比重是1.3%左右，这些年一直处于这个水平。”最后傅莹用一段话反问，回应了其他国家对中国军费增长的警惕和戒心：“看看过去这十多年，世界上发生了那么多的冲突，甚至是战争，造成了严重的大量人员伤亡、财产的损失，那么多难民流离失所，哪个是中国造成的？中国从来没有给任何国家带来任何伤害。”这个回答，有理有据地消解了外媒试图勾画的激进的中国形象。

在另一个场合，傅莹再次用反问的方法，将“烫手的山芋”抛回给了提问者。一名西方记者问道，既然中国在政治和经济上都这么成功，为什么不再开放一些呢？傅莹掷地有声地反问道：“如果你们认为自己的政治制度、与媒体打交道的方式、政府结构、政党制度是最好的，并且把这些作为样板来衡量中国，你们总觉得中国套不进去。但是看看那些接受了你们模式的国家，它们有多成功？它们有谁发展得像你们一样好？它们达到你们的人均国内生产总值水平了吗？”最后她一语道破：“你们想要和很多国家分享自己的政治制度和价值观，却不想分享你们的财富——而这些正是你们政治制度的基础。”

可见，在涉及国家立场和价值观的问题上，傅莹能够敏捷地避开对方挖下的语言陷阱，不被提问者带动节奏，还能适时地将尖锐问题抛回去。

二、适当活泼的官方辞令

如果读到这里，你以为傅莹是一个不苟言笑的铁娘子，那就大错特错了。在很多时候，傅莹喜欢用活泼的比喻表达观点，还能熟练地结合网络热词和热门话题，很大程度上调和了生硬的官方辞令。

提到民法典，大多数人并没有具体的概念，傅莹就打了这样一个比方，“民法典是民事领域的根本大法，其核心是要保障私权力，就是要让公民在法律的框架内自己解决好问题，通俗地讲，叫社会生活的‘百科全书’”。

而在回答环境治理的有关问题时，傅莹用了一系列生动的关键词，突出了治理环境污染的决心。她说，仅有“史上最严环保法”是不够的，一系列相关法律都要“动大手术”，要对污染“零容忍”，让新环保法成为“有牙齿”的环保法。

看上去温文尔雅的她，能在面对记者的提问时轻松调侃，话语间还蹦出过不少网络流行语。例如，有外国记者询问中国军费问题时，傅莹说，这个数据应该在预算中对外公开，但是如果不回答记者又会很“心塞”；谈到人大如何推动雾霾治理的问题时，傅莹认为人大及常委会十分关注并为此做了很多努力：“人大环资委的主任委员都很少笑的，我认为他‘压力山大’”；谈到朝核问题的复杂成因，傅莹说，朝鲜战场硝烟散去六十多年，到现在只有一纸停战协议，一直没有签订和平协议，所以从理论上讲，有关国家在朝鲜半岛还处于战争状况，是不是也够“奇葩”的？[1]

令人意外的是，傅莹还对年轻人热捧的科幻小说和综艺节目有所了解。在提到朝鲜发展核武器问题时，她提到这会威胁地区

1 记者提问爱兜圈 傅莹答问热词多［EB/OL］. http://szsb.sznews.com/html/2016-03/05/content_3471983.htm.

的和平稳定，并用小说《三体》中的“黑暗森林”法则形容这种情况：在黑暗森林中，每个人都小心翼翼，他人的存在是永恒的威胁。她说：“黑暗森林就是极度缺乏安全感和信任的环境，这个小说也提醒我们不能让现实生活当中出现这种现象，现在的国际社会、国际关系是相互依存的关系，也是相互作用的关系。”

还有一次，在谈到有关香港的问题时，傅莹选择用《奔跑吧兄弟》做比喻：“最近有一个热播节目叫《奔跑吧兄弟》，有内地的年轻人也有香港的年轻人，我特别感兴趣，团队里每个人都要努力，大家要齐心协力，一个人跟不上整个团队就过不了关。”之后，傅莹提出希望能兄弟同心，化解误解和分歧：“多积累正能量，应该一起往前走，还是兄弟。”

三、从自身故事讲起

作为一名女性外交家，傅莹也会利用自己的女性角色在信息传递中的优势，尤其擅长通过讲述个性化的故事经历，把个体和国家联系起来，更容易拉近距离、引发共鸣。她也一度被媒体称为“柔性危机专家”。

2010 年 3 月，时任中国驻英国大使的傅莹即将离任，在离别演说《道别伦敦》中，她分享了自己在英国工作生活三年的感受。

演讲的开头她就说道：“作为外交官，又是蒙古族人，我是个天生的游牧者，似乎一生都在不断地履新和离别之间徘徊。在布加勒斯特、金边、雅加达、马尼拉和堪培拉，都有过美好的岁月，而每次告别都依依不舍。现在即将离开伦敦和英国，心里更充满了难舍的眷恋。”

接着，她并没有谈论外交工作的具体细节，或者对中英关系发表官方看法，而是讲述了自己对英国文化的体会：“三年来，我走过英国许多的城镇和街巷。英国的生活丰富多彩，无论是在如同隔世的剧场里欣赏名剧，还是足球场上狂热的喝彩，抑或是赛马场里激奋的人群，都令人印象深刻，使我感受到英国人对生活的认真和考究。”

这段十分有画面感的话，一下子拉近了她与英国听众的距离，因为她在讲述自己故事的同时，也是在讲述一个普通中国人在英国的故事。

正如傅莹自己所说，她多年从事外交工作，也游历过很多国家，这都为她积累了丰富的故事素材。一次她在接受《金融时报》采访时，英国记者说，每年“两会”出租车司机都不愿意往天安门跑，怕罚款。傅莹则回答：“在英国，每年议会开会，也是打不到车的吧？没有哪个出租车司机会往西敏寺那儿跑，进不去出不来的，这种情况在哪儿都一样。”

还有一次，与印度记者谈论中印贸易时，她再次用了自己的例子，“我自己在 90 年代刚开始接触亚洲的外交工作，那时候中印贸易只有 20 亿美元，当时我记得我们有一位年轻的同志，他在写报告的时候加了一个‘0’，写成 200 亿美元，我当时还说这个数太大了，一辈子也看不到中印贸易能到 200 亿美元，结果去年已经超过了 700 亿美元”。通过自己的经历，佐证了两国贸易历史的发展。

2015 年 9 月，傅莹在美国《世界邮报》网站发文，讨论中国人与美国人之间的理解和误解。在文章开头，她讲了自己做的“小调查”。为了了解中国人对美国人的看法，她特地在多个微信群里问大家，喜欢或者不喜欢美国哪一点，得到了多种答案：有人说，美国人对饮食不太严肃；有人说，美国父母给孩子自由；有人说，对美国印象最深的是高速公路没有收费站……这些评价有褒有贬，傅莹总结归纳后，提出了一个值得深思的问题：中国人和美国人对对方的了解究竟有多深？国与国之间的关系说到底是人与人的关系，傅莹通过个体的故事视角，来引发对大国关系的思考。[1]

除了在国际舞台上讲中国故事，当在人大代表会上回答民生问题时，她也亲切平和，用有人情味的话语表达了官方态度。

2014 年，她像聊天一样跟记者说，“今天天气比较好，我觉得你脸上都带着几分阳光。我们生活在同一片天空下，可以说是同呼吸、共命运”。

对于民众关心的雾霾等环境问题，傅莹像拉家常一样称自己“每天早上拉开窗帘都要看一下今天有没有雾霾”，并透露自己“也有两个口罩，我女儿一个，我一个”。她还讲过：“我记得年轻的时候，在兵团劳动，每天都是蓝天白云，但是那时候好像就不怎么注意这些，每天惦记的就是怎么能吃饱饭。现在生活是改善了，我们国家可以说是以超快的速度进入工业化，同时我们也几乎是以超快的速度造成了我们环境的透支。”并表示，人大一定会积极响应人民呼声，加强环保立法。

在回答“二孩妈妈的女性权益保护”问题时，她讲了自己听说过的故事：“有一位男士说，他刚刚搞完招聘工作，拒绝了一个条件非常好的女孩子，他说他们单位人少，如果来一个育龄女职员，回头连着生两个孩子，这个单位的工作效益肯定就受到影响了。但是他也承认，如果他的妻子或者女儿遇到就业的这种歧视，也会很郁闷，很不爽。”她用故事告诉在场的人，社会是矛盾的，但我们不能双重标准，要切实做到尊重女性。

1　外交“大咖”傅莹：教你如何讲好中国故事［EB/OL］. https://mp.weixin.qq.com/s/7pBZMxR7NWkmy46epN1avg.

课后总结

回顾傅莹的发言阐述，可以发现她坦率真诚，又不咄咄逼人。她教会我们：在面对媒体时，既要思维敏捷，不踩进提问者的逻辑圈套；又要平易近人，用适度的幽默为严肃问题做缓冲；还可以尝试从自身经历讲起，把以小见大的故事，当作四两拨千斤的杠杆。言语或许柔软，但立场和底线一定要强硬，傅莹刚柔并济的话术，值得每一个人学习。

与媒体沟通，面向公众表达，往往都需要准备周全。作为一次系统的信息传递过程，你需要精准地选择目标受众，选择合适的时间节点，选择合适的渠道，选择合适的发言人，才可以将准备好的内容传播出去。而在这个过程中，意外或挑战又往往会发生。临场的反应就变得至关重要。回应不当，反而会影响整体的信息传递。

从这个角度来说，媒商中包含着应付不确定挑战的临场随机应变的能力。那些怀有恶意的现场挑战，要如何回应？那些超出个人认知或准备范围的问题，该如何回答？对于这些问题，你的心里有答案吗？

重点阅读：极具挑战性情况的多种解决方案（上）

信息传递，有时候是主动讲述，有时候是被动回应。在这个过程中，如果遇到极具挑战性的、难缠的甚至带有恶意的问题，该如何回答？我们在这里提供了多种解决方案。

✧ 媒商要求你要有主人翁心态

很多人怕在公开场合发言，总是担心在沟通过程中不小心说错话，引来无妄之灾。有的人不喜欢媒体，认为媒体带有偏见，不屑于和媒体联络；有人不喜欢网民，认为网民总是情绪化表达。但不管是哪种情况，如果有一天，当我们不得不面对媒体和公众时，仍然要有主动、积极、正确的心态。公众的质疑需要重视，媒体的提问需要回应，但这并不代表沟通过程就要以对方的问题来引导。一种很重要的心态转变在于：由回答媒体和公众提问，转变为我要主动说什么。

全媒体时代，媒商要求你要有主人翁心态。

✧ 正确的废话≠有效的信息

你不能否认，总有一类人，可以通篇大论说上几个小时，但你却记不住他/她到底说了什么。网友们总结了许多常用的套话，比如，只要政策对头，措施得当，落实有力，就有可能实现这一目标，重要讲话，重要会议，狠抓落实，胜利闭幕，加大力度，下大力气，提前竣工，领导重视，进展顺利，成效显著，阶段性成果，圆满完成，成就巨大，工作扎实，逐步改善，情绪稳定等。

正确的废话，有好处。一些经过百般锤炼过的词汇，尽管已经被划为套话，但的确准确、稳妥。在遇到一些难以回答、让人感到措手不及的问题时，可以采用这些话作为过渡，给自己留出时间用于思考。但如果过多，则会丧失对方的关注，即使对方没有在现场打断，但也会在接受过程中自动地对类似的信息进行删减处理，实际上减弱了传播效果。

说了很多并不等于说了管用。没有人愿意听别人长篇大论讲道理，哪怕在学校，但所有人都喜欢听故事。正确的废话≠有效的信息，偶尔引用，可以确保稳妥。在与媒体沟通时，尽量避免一些绝对正确、宏观的大道理，而采用一些细节的、微小的、具体的切入口来进行沟通。

✧ 遇到快速追问怎么办

如果你发现要回答的问题非常多，而且一些媒体记者习惯性地进行快速追问，那么一定要控制回应节奏。

如果是在一场对话中遭遇了这种困难的情况，那么建议在刚开始对话时，就选择短暂暂停，与对方进行沟通。“我非常愿意回答你的问题，但你看咱们能不能稍微慢一些，这样我可以把更全面的信息充分地和你沟通。”

如果可以，你最好能在沟通前就做准备工作，就沟通中的话题范围和提问规则与对方商量好。

在对方快速追问时，自己反而要控制节奏，要放慢节奏。一旦情绪上来，认为对方不礼貌或者自己急于辩解，就容易对信息把关不严，一些不必要的信息会脱口而出。

✧ 遇到不着边际的提问怎么办

如果你前期进行了认真的准备，但最后却发现，面对的问题完全不靠谱怎么办？你想说的是公司最新的战略调整和年终目标，但对方一直在问修建公司门口的治安岗亭花了多少钱。

只有不好的回答，没有不好的问题。首先说明，指责提问的人是没有用的。在那样一个公开场合，你的任务是面向公众进行传播，而不是评价别人水平高低。

前文曾经介绍过，准备一次公开沟通，你要准备三个关键信息点，不断重复，并且要学会使用 ABC 模板过渡。当你遇到不着边际的提问时，要学会将问题过渡到自己想说的内容上来。

如果你所在的企业发生了一起安全生产事故，而记者让你给企业的表现打分，你可以回答："这是一次突发事故，当前我们最重要的任务是救援，而不是打分。事故发生后一个小时内，我们就采取了一二三四条措施……"如果记者让你猜测事故爆炸原因，你可以回答："有关事故，我们已经成立了专门的调查小组。目前，调查正在进行中。现在我们还不能确认事故爆炸的原因，但我可以确认的是，我们会公正、公开地处理此事。"

✧ 遇到封闭式问题怎么办

我们常常会遇到这类封闭式问题，是还是不是？好还是不好？多还是少？对方只提供了两条极端的路供我们选择。

如果你对于封闭式问题有非常确定的答案，那么也不妨大胆说出来。但大多数情况，都不是对错分明、非黑即白的。对于个体和机构来说，往往在一件事情上有着非常复杂的内部和外部原因，并不是三言两语就可以盖棺定论的。此时遇到封闭式问题，就要非常谨慎了。

你可以"谦虚"地挡回去："好还是不好，我想我不够资格评判。台下的观众会有自己的答案。"

你也可以用同理心打动对方："我非常理解你的感受。同样的问题，我也问过自己很多次，但是很遗憾没有现成的答案。"

你还可以"以不变应万变"："我请各位相信我们会让事情变得更好，我们会为之努力。"

✧ 回答总是被打断怎么办

我们鼓励被访者要有"主人翁"的心态，要有"以我为主"的心态，要主动发布，积极沟通；但同时，这种"主动"需要记者的配合，需要用内容作柔性引导，才可能实现。

如果对话另一方总是打断你的发言，很可能是以下几种情况。一种情况是对方在与你争夺话语的主导权，包括话题走向；另一种情况是你的发言让对方失去了兴趣和耐心，迫切地想转换话题；还有一种情况是对方是在用一种情绪化的表达来表现他/她的不满。

如果谈话频频被对方打断，那不妨停下来就这件事与对方进行沟通，先分析对方做此举动的原因，再与自己的发布策略相结合进行调整。“我想跟您沟通一下,我注意到您几次打断我的回答，我在想这是因为什么原因。如果需要，我可以调整我的回答，但有些内容是我坚持要说出来的，也希望得到您的理解。”

课外故事：那些发言人精彩的问答片段

2014 年 3 月 2 日，全国政协十二届二次会议新闻发布会上，有记者提问，对于某被查处的高官有没有可以透露的？时任全国政协新闻发言人的吕新华回答：“不论是什么人，不论其职位有多高，只要是触犯了党纪国法，都要受到严肃的追查和严厉的惩处,绝不是一句空话。我只能回答成这样了,你懂的。”一句话说完，现场气氛就活跃起来。

2014 年 4 月 28 日，外交部例行记者会上有记者问：“奥巴马亚太之行即将结束。中方认为此访有助于还是有损于美国推进其亚太战略？中方怎么看他这次访问四国？”时任外交部新闻发言人秦刚说道，我想强调的是，进入 21 世纪，无论是亚太地区的时代潮流，还是本地区各国人民的普遍愿望，都是和平发展、合作共赢。我们希望美方以及本地区有关国家都能够从这一历史潮流以及各国人民的普遍愿望出发，为本地区的和平、稳定与繁荣切实做出积极努力。“我注意到，最近有的媒体说，奥巴马总统此次亚太之行没有来中国，或意在针对中国。”秦刚说，“是不是针对中国？我们要看美方是怎么说、怎么做的。至于来不来中国。一句话：你来，或者不来，我就在这里。”

前美国国务院发言人鲁宾在家中新添了个儿子后决定回家“相妇教子”。风格向来咄咄逼人的他虽然曾说做新闻发言人就必须会“咬人”，但他还是把幽默当作了不可或缺的一项武器。在鲁宾卸任前的最后一次发布会上，鲁宾的妻子、CNN 著名记者艾曼波尔一本正经地问台上的丈夫：“你如何保证会给儿子换尿布？”在一片笑声中，鲁宾以一贯的外交辞令答道：“我会采取一切必要的措施，以及适当的措施。”

2016 年 4 月国防部例行记者会，有记者问，近日海军在南海执行空中巡逻任务的巡逻机紧急飞赴南沙，降落在永暑礁机场，将 3 名重病的工人转运至三亚医院进行救治。“请介绍事件后续进展情况，这 3 名病人的病情是否有所好转？”国防部新闻发言人吴谦表示：“4 月 17 日，中国海军一架在南海执行任务的‘运 -8’巡逻机从永暑礁机场紧急转运李万美、聂彦东、俞春龙 3 名患病工人，送往三亚的海军 425 医院救治。目前，两名轻病患者已出院，1 名重病患者已经脱离生命危险。最近网上有句流行语叫‘友谊的小船说翻就翻’，在这里我想强调的是，当你遇到生命危险的时候，祖国这艘大船一定会保护你的安全。”

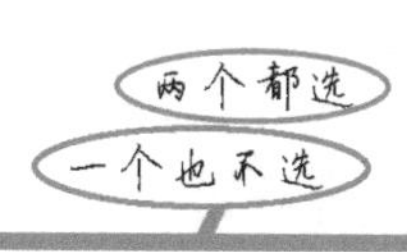

不要夸A而贬低B

只讲出对方的优点

面对“二选一”的难题

夸奖对方

避免“比较”

快速的临场反应

站在他人立场思考

体会他人情绪

调动同理心

平衡“利益关系”

关注所有人，对所有人都细心

看清相关各方的利害关系，并做出调整

第八课

用语言化解挑战——何炅怎样做到滴水不漏

课前引导

英国诗人本琼森曾说："语言最能暴露一个人，只要你说话，我就能了解你。"

尤其在当今的媒体环境中，人们说的每一句话都会被记录、放大和反复咀嚼，将话说得圆满得体，是一种人际智慧，也是高媒商的反映。不说错话，很多人都可以做到；而一直不说错话，就很难做到了。

高媒商，并不意味着凌驾在众人之上，对于媒体和舆论可以随意操控，而是始终保持一颗难得的敬畏之心。社会上，有一些来势汹汹的企业品牌或公关部门，在一段时间内声名鹊起，或是遇到危机横扫天下。为了传递信息或是控制信息，不惜采取一些不正规的手段；然而，这样做，一时有效，却难以走得长久。一旦危机爆发，之前塑造的声名便会土崩瓦解。高媒商，意味着对于受众心存敬畏之心，而不是怀有操控之愿。

作为一名"把说话当饭碗"的主持人，何炅向来以过硬的主持功底、老练的控场能力和细致周到的性格为人所知。主持之外，他的朋友遍布大半个娱乐圈，每逢生日，各路明星都在微博上为他刷屏送祝福，几乎所有人都对他的为人交口称赞。可以说，无论在工作场合还是日常生活中，何炅都拥有神奇的“零差评”体质，这样的好人缘与他滴水不漏的语言技巧密切相关。

从何炅身上，我们可以发现，他有着一套自己的行事原则和话术风格，这使他在任何情况下都能做到八面玲珑，与之交往如同春风拂面。花点时间学习一些说话小技巧，我们也可以成为像他一样的沟通达人。

一、调动自己的同理心

“同理心”是指站在对方立场设身处地思考的一种方式。何炅就是一个非常富有同理心的人，总是能体会到他人的情绪和想法、理解他人的立场和感受，并站在他人的角度思考和处理问题。

最常见的例子，莫过于他在气氛尴尬时机智的圆场。

在网络综艺节目《奇葩说》第三季中，有一名选手表示自己曾经参加过第一季节目，但是被拒绝了，隔了两年又重回这里。他故意用浮夸的语言形容自己两年来的凄惨经历，却没能博得观众的好感，他的演讲被评委高晓松直接打断了，现场气氛几乎陷入僵局。

这时候，何炅出来圆场，他没有像高晓松那样单刀直入，而是先用自己的感受拉近与选手的距离，首先说：“我对你有一种特别亲切的感觉，因为我到这儿来之前，也是紧张到不行，特地定制了一个全新的我。”紧接着又表达出自己对选手的理解，他知道选手看似浮夸的表演背后，是因为太在意这场比赛而用力过猛。在消解了选手的尴尬情绪后，他又委婉地为他的表演方式提出建议：“要想办法把它表现得可爱和看上去不着痕迹。”最后，他用调侃的语气告诉选手不要太过看重这个“很一般的节目”，人生还有很多可能。

他这番话为选手提出了建议、给出了安慰，还很好地照顾了对方的感受，真正做到了换位思考。难怪有网友评价说，何炅的主持风格是“浑然天成”，在微笑中妥帖地把尴尬一笔带过。

即便温和如何炅，也有没能控制住情绪的时候。在一档选秀节目中，学员们因为对结果不满陷入争吵，有一位选手甚至直接踢飞了舞台上的衣服，作为导师的何炅吼出一句：“你们太让我失望了！”这一句被不少人视作他主持生涯中第一次发飙。何炅在后续采访中没有为自己辩解，而是设身处地为学员们解释：“我不知道你们排练室只有一个，大家要轮班排练；我也不知道你们没时间休息，很不容易排出来作品……我们乐呵呵地看了三个很棒的秀，然后选出来我们觉得最特别的那一个，却没有去了解背后的那些事情。所以对我来说，那是我职业生涯的一个耻辱。”他还冷静地反思，“在遇到一个矛盾的时候，一定要以解决问题为前提，而不是以发泄作为唯一的选择”。这番话不仅解开了导师与学员之间的心结，也获得了观众们的理解。

同理心发达的人，一定是非常敏感和细心的，会发自内心地让所有人舒服。

有一期《快乐大本营》，谢娜在一群男士中挑选舞伴，结果转了一圈叹了口气摇摇头走掉了。在一旁观察的李维嘉说：“没有一个满意的，哈哈。”而何炅却接过话来：“OK，各位亲爱的朋友，在这里我跟大家推荐不想被人拒绝的方法，就是谁都不挑。”这句话不仅为观众制造了笑点，也让台上的舞伴们从尴尬中解脱。在媒体语境中，这样的细心就像一剂“温和剂”，调和了尖锐的内容，也让当事人和围观者都能体会到何炅所带来的安全感。

对于同理心的表达，还有非常重要的一点是，要在明确对方情绪之后做出快速的反应。何炅不仅是情绪上的阅读理解大师，也是临场反应的高手。

从很多细节中可以看出这一点。真人秀《向往的生活》中，作为主人的黄磊和何炅偷偷给白百何做了个蛋糕帮她补过生日，黄磊谦虚地说："我们三个人做的蛋糕，虽然显得很粗糙啊。"白百何盯着蛋糕没有接话，何炅连忙说："一点也不粗糙啊，很好看啊。"在会话分析理论中，接话一方通常倾向于顺着说话人做出肯定的回答，但是当说话人在进行"自我贬低"时候，正确的做法是立即做出干脆利落的否定，迟疑和沉默则表示接话人对即将说的话有所保留。[1] 何炅在第一时间辨析出黄磊的谦虚，并通过立即否定帮黄磊和白百何圆了场。

类似的情况还有，在某期《快乐大本营》中，何炅在现场和刚刚生完孩子的李湘进行电话连线，李湘讲道，自己现在最大的苦恼就是发福了太多，在努力减肥。何炅立即感受到李湘对于身材的顾虑和不自信，当即说："你放心，不管是长溜儿的你，还是圆溜儿的你，我们都会同样喜欢你。"

而当黄晓明上节目做宣传时，自黑道："我只有说青岛话的时候大家才喜欢。"何炅马上接腔："你说青岛话的时候，我们更加爱你。"简单几个字，就让场上的气氛效果完全不同。

作为一个长期曝光在镜头前的人，何炅所表现出的高质量的同理心，再次验证了很多人对他的评价：他永远不会让你抛出的梗掉在地上。

二、从容应对比较

何炅职业生涯中的"黑点"不多，少数的敏感地带之一就是和汪涵的"湖南台一哥之争"。如果一个行业出现两个旗鼓相当的人，总会或主动或被动地陷入比较中，何炅和汪涵也不例外。

1　苏三. 招黑利器"委屈萌"[EB/OL]. http://zhuanlan.zhihu.com/p/26451626.

两人各自都有支持者，关系不和的传闻也一度在网上被传得沸沸扬扬。

对于这个敏感问题，何炅的应对非常从容。在一次节目中，何炅被问到这样一个问题，他先开玩笑地说“反正都不会给我们涨薪水”。接着严肃地表示，当看到大家称赞汪涵，喜欢汪涵，说不喜欢自己的主持方式的时候，其实心里还是会介意的，但是“做某一行，也需要有一个努力的目标和一个竞争对手”。并表示湖南台没有一哥一姐，只有兄弟姐妹。他不仅坦白地承认了自己和汪涵之间确实有微妙的“竞争”，但也同时表示这种竞争是良性的，无碍大局和友谊。

在另一次节目中，他甚至主动以这个问题为例，分享了汪涵的答案，来教导年轻艺人如何做出机智的回答：“当被问到谁是湖南台一哥？汪涵说当然何老师是一哥，我年龄比他大，我是他大哥。”这段话既显示出自己可以正视负面传言，又通过分享汪涵的回答让公众对两人不和的猜测不攻而破。

何炅一直通过在微博晒出与汪涵合影的方式来回应这个传言，并尽量回避外人对他和汪涵进行比较。当有一个年轻主持人故意说，自己不知道汪涵、只认识何炅时，场面一度有些尴尬，何炅连忙调侃说“那你不红诶。”来避免场面失控。

除了回应对于“一哥之争”的比较，何炅还在身体力行地告诉我们如何在回答问题时避免跳入“比较”的坑。真人秀《我们的生活》中，有一个场景是一群人围坐在桌前吃饭，何老师为年轻人上了一堂情商课。

年轻演员魏大勋之前参演过何炅的《栀子花开》，又刚刚结束了黄磊电影的拍摄，他在饭桌前夸黄磊的拍摄方法非常好，但说着说着就拉上了其他剧组做比较：“现在很多剧组都很忙，有时候都不相信你念完词儿之后就拍完了，明明是导演让这么拍，最后承担后果的却是我们演员自己。”何炅赶紧先帮魏大勋打个圆场，说他讲的应该是何炅的电影《栀子花开》，然后又语重心长地对魏大勋说：“做人，做艺人，都不要去横向比较，你就讲这个人好在哪儿，不要说别人的不好，因为你永远不知道谁是别人。”

夸人大部分时候需要有个参照系，对比才能见高下，但何炅提醒我们，不要为了夸对方而贬低其他人，否则会得罪人。可以和自己对比，但永远不要说“你好，他不好”。

接下来，何老师的讲堂继续，他故意设定了几个“二选一”提问，让年轻艺人做出回答。

第一个问题：“如果这档节目，何炅和黄磊两人必须走一个，选谁走谁留？”回答者犹豫再三，选了黄磊，因为黄磊会做饭，没有他就没有吃的。尽管这个回答够实诚，但何炅给出了一个能让两个人都开心的回答：“谁走都无所谓，因为谁走了，都不是向往的生活。”

第二个问题：“投资人有一笔钱，要开一个新节目，何炅跟汪涵，你选一个合作，选谁？”这个问题更是让人为难，何炅给出的回答是：“我能不能贴钱，让他俩一起做？”

通过两道真题模拟，我们可以看到：面对两难选择，何炅通过突破问题规则的方式来做到周全。因为一旦做出选择，就有了比较，一单有了比较，就一定会伤人。因此面对二选一的提问，何炅的方式是，要么一个也不选，要么两个都选，适度地打破会话规范，可以让所有人全身而退。[1]

三、平衡所有利益关系

何炅被称作娱乐圈中情商两万米的“老好人”，很重要的原

1　苏三. 我所喜欢的大暖男何老师［EB/OL］. http://zhuanlan.zhihu.com/p/26142343.

因就是，他在任何场合都能做到考虑周全，对谁都好。

图 8-1　一次不说错话容易做到，难的是一直不说错话

《奇葩说》的辩手姜思达曾回忆，在何炅加入《奇葩说》之前，自己就在一个活动中遇到过何炅，当时何炅很热情地过来和他说话并称赞了节目。“他完全没有必要说那些话，可是他表达了，就让人很开心。”到了何炅的位置依然坚持关注所有人、对所有人都细心，就已经不是圆滑，而是真的有亲和力了。

何炅被公认的“表现周全”的巅峰，是在第十届金鹰节颁奖礼直播中，他一个人十分钟的脱口秀开场。在这十分钟里，他用调侃的方式一一介绍了前排的嘉宾，每个嘉宾各有一句话的褒奖，而这句褒奖简洁又恰到好处。他没有用“成功”“敬业”“美丽”等常见的形容词来概括嘉宾，而是用具体的事实来点明嘉宾的成就和长处，并且用“安分”这个关键词将所有人串联起来：他用“安分”来形容刘涛，是全国婆婆们喜爱的贤惠良妻的典范，还打趣道“原来打包行李是一件有美感的事情”；他用“不安分”来形容黄磊，从文艺青年到都市男闺蜜，从多爸到黄小厨，身份一直在转变；同样“不安分”的还有朱丹，昨天还是主持人，今天竟然作为入围演员坐在中间……这段话衔接流畅，分寸到位，让每个人都感到受到重视、春风拂面。

何炅是全局把控的高手，能第一时间看清所有的利害关系，并及时做出调整。在他主持《中国最强音》的时候，评委章子怡因为选手曾一鸣的结果，与罗大佑发生争执，情绪激动地离场。何炅见状解围，称赞曾一鸣“很幸运”，因为为了他导师哭了、主持人哭了，导师之间甚至有了争吵，对选手来说是值得铭记的经历，对两位导师来说是爱才的两种表现，然后劝说章子怡回到导师席。何炅承认场上矛盾的存在，然后分析了矛盾的价值，安抚了三方的情绪。

又比如在一次颁奖礼上，因为技术问题，颁奖嘉宾的平板电脑没有显示获奖人名字。同台的另一个主持人开玩笑说：“随便念一个吧！”何炅连忙打住“这怎么行？”因为郑重宣奖是对奖项和获奖者的尊重。随后他镇定地走到嘉宾身旁，递上了写着获奖人名字的卡片，并说“我们有最高端的科技，也有最原始的手段”。这个举动，不仅解救了台上的嘉宾，替主办方的技术问题圆了场，也让获奖者没有感到被轻视。

课后总结

总结来看，何炅有着非常发达的同理心，可以快速地读懂情绪并做出反应，面对尖锐的问题能够适度回避，还拥有巧妙化解尴尬的智慧。何炅说话技巧的本质在于，始终和对话者保持在同一水平线上，没有盛气凌人也不卑躬屈膝，用朋友的方式来对待说话对象。一时的圆滑简单，而保持十几年如一日的滴水不漏却很难，在全国观众的众目睽睽之下，何炅展示出了教科书级别的细致周全。

想要做到何炅的程度很难，但我们可以从最基础的做起：尊重每一个说话对象，放慢语速给自己留下思考的空间，不随意做比较，尽量考虑到所有可能的情况和不同人的立场。

这些小技巧既值得我们在日常沟通中学习效仿，也是在面对媒体的时候，我们可以打出的不让运气变坏的安全牌。

从这个角度来说，媒商是一种同理心，是一种敬畏心。高媒商，需要对谈话场中的各方角色有着深刻的认识和理解，而不是动不动就上升到恩怨层面；高媒商，需要对舆论心怀敬畏，坦诚面对，才可以长久地与舆论和平相处。

重点阅读：极具挑战性情况的多种解决方案（下）

✧ 对方特别爱总结但总结得不对怎么办

有时在对话过程中，一方会对之前一段对话内容进行简单的总结，并向你确认。媒体记者为了确保内容准确，往往会采取这种方式。记者在采访过程中，有时候需要对采访内容、观点等进行适时总结。一方面对信息是一种归纳和整理；另一方面也是一种沟通，确认信息传递的准确性。这种情况经常发生。一旦遇到记者进行总结，一定要高度关注。一是了解记者理解信息的准确程度，确认基准线；二是确认我方观点传播是否有疏漏。

如果记者总结得非常不准确，那么一定要及时予以纠正。如果记者总结中有一些细节不准确，也可以提出来。一些科学家总是很苦恼记者无法准确理解科学原理，所以还有一种确认方式——在采访后对文字稿再次进行修正。

需要指出的是，现场进行总结并现场确认的记者是负责任的那一类，尽管有时候总结不准确也要耐心纠正；如果不负责任的话，现场不总结直接写稿，错了就错了，你也是没有办法的。

信息传播，总会有误差存在，但可以在一次次的沟通中无限趋向准确。

✧ 遇到“100%”极端式提问怎么办

你能否保证这个项目百分之百的安全？你能否保证食品百分之百的安全？你能否保证这个核电站百分之百不会爆炸？

有时，你会遇到这样极端的封闭式追问，简直是要押上个人名誉作担保。遇到这种情况怎么办？怎样回答都容易陷入另一种困境。

一些科学家会对此类问题嗤之以鼻。因为世界上不可能有百分之百的事情，但就是有那么一点点不确定性，才让世界、人生、科学充满了魅力。对于居住在核电站附近的居民、生活在食品安全堪忧的城市的居民们来说，这个问题一直萦绕在心头。沟通，不仅是一门科学，更需要情感介入。

如果回答说“做不到百分之百的安全”，那我们肯定反对在这里建造。如果回答说，我可以保证，但万一真的出事了呢？

遇到这类极端的、用个人名誉作担保的封闭式提问，一种方式是绕开，比如用一个比喻或类比。“这个项目的安全性，经我们测算，是飞机飞行安全性的20倍。我相信大家会有自己的判断。”另一种方式是不直接回应，比如，“我可以保证的是，我和我的团队会尽百分之百的努力保证这个项目的安全”。

遇到极端提问时，不能慌不择言，不能临场发挥，避免脱口而出，要给自己一点时间思考。

✧ 当专业人士遇上“小学生”怎么办

一些领域中的专业人士常常非常苦恼，因为对话的另一头经常是“小学生”都不如的知识水平。为了让对话双方能够在同一水平上进行对话，我们总倾向于向非专业人士进行现场科普。当然，如果专业人士们能在日常生活中习惯性地练习“三六九”原则（第五课课后“重点阅读”），让枯燥和高深的知识变得能够让普通人触手可及，那么无疑是最理想的情况。但如果在负面事件发生之后，再去进行知识普及，那么媒体和公众很可能没有足够的耐心去学习，作为专业人士又会觉得恼怒。

一个城市建设的管理者会认为，地面塌陷是正常的；一个房地产商会认为，施工中出现伤亡事故也是无法避免的；一个食品企业会认为，无法做到百分百的食品安全。

你可以想象一篇向公众解释事故、塌陷是多么正常的新闻报道，将引来多少人的抗议吗？你可以想象向工人家属陈述伤亡事故无法避免时，对方的愤怒和悲痛吗？你可以想象告知市民你的食品做不到百分之百的安全时，对方内心会有多么恐慌吗？

这也是我们所说媒商有多重要。内部研讨与公众表达是完全不同的事情。媒体和公众，往往并不具备和你一样的专业知识和内部信息。大家框架不同、认识水平不同，如何又能够得出同样的结论？这时，就需要媒商，需要同理心，去理解对话另一方的感受，用对方能够接受的语言去讲述你的道理。

当对话的另一方不愿意在专业知识层面与你展开讨论时，一定要搞清楚他们这么做的原因。

✧ 对方要求在电话里回答敏感问题怎么办

电话沟通非常便捷，但弊端是明显的。重要的事情依然要选择面谈。电话沟通时，你看不到对方，无法获知对方的表情，也无法准确判断信息传播的情况。中国人怕见面，什么事情一见面都好说。有时候一见面，说几句话，你都能判断出对方的性格。但是电话，却只能通过声音传播信息。以下这几项是人们在接受电话采访时必须要做的必备动作。但全媒体时代，你认为的私下沟通并不像你想象的那么安全和私密。所以，在一些敏感情况下，你接到电话要求回应，那么也同样要以此标准来给自己营造一个安全的环境。

第一，如果事先约好了，一定要把今天想说的信息准备精准。因为对方看不见，所以有很多信息都可以写下来放在旁边。

第二，尽管准备了素材，但一定要记住不能念稿，不能让对方听出是在背诵官样文章。不能全都是官话，一定要选择含金量高、表达精准的话。一说说十几分钟还没有说到具体事儿，效果肯定不会好。

第三，特别敏感的话题，要学会给电话录音。如果来不及，我们也可以跟对方沟通，在第一时间先挂断这个电话再打过去，但是录音这个环节有时是必需的。在出现误解或误读时，原始录音会是很好的证据。

有计划地发布固定内容
专业摄影师跟拍工作和生活
专人回复粉丝评论
精心编排公关内容
快速反应
诚意沟通
突出使命
团队打造个人账号
环保生活，毫无架子，鼓励沟通
不谈企业盈利，只谈用户增长
处理危机
拿一美元年薪
强调“给予者”身份
扎克伯格

第九课

危机公关的“守门员”——只有扎克伯格能一锤定音

课前引导

越来越多的人，特别是企业家，开始迷恋上了一种新型的演讲方式。他们不再西装革履，而是穿着休闲——T恤衫、牛仔裤——与台下的观众之间没有任何距离感。脸书（Facebook）创始人和CEO马克·扎克伯格，无疑是这支队伍的带头人。他的标志性衣着和标志性笑容，成为脸书团队最突出的符号。

而当企业家与企业融合程度足够深的时候，企业家对外透露的信息就需要谨慎地筛选。这时，光靠个人媒商是不足以应付这种复杂的情况的，而是需要组织机构的资源进行支持。

2017年年初，美国科技新闻网站Techmeme发布了一个“媒体和媒体记者影响力榜单”，排名前十的媒体记者中，4名记者来自科技博客，五名记者供职于知名媒体，而还有一位赫然在列的居然是扎克伯格。

为什么扎克伯格会出现在榜单中？我们来看看评判“影响力”的计算方法：作者生产的内容，被其他媒体报道和引用的数量越多，在社交网站中的转发频次越高，则排名越靠前。

让扎克伯格闯进榜单的正是他本人的脸书账号。这个账号，不仅是他介绍公司动态的传声筒，也是他频繁更新自己和家人生活细节的直播间，更是他进行企业公关的重要平台。一个成功形象的塑造，一定是团队智慧的结晶。一次复杂信息的传递，一定是机构各成员密切配合的结果。扎克伯格及其幕后团队之间的配合，让企业家与企业之间的信息传递能够互相予以照应。而信息传递，也不是只在媒体沟通时发挥作用，而是渗透在企业家私下或公开的多个场合。这才是媒商中关于“媒”的真意。媒，不仅是狭义的媒体，还是广义层面的媒介。一次公开演讲、一次私下聚餐、一次内部讨论、一次高峰论坛——围绕核心信息，通过不同的媒介渠道，传递不同的信息，才是全媒体时代媒商高手所为。

通过梳理扎克伯格的公关思路，可以发现，他将个人自媒体和公司形象相融合，将企业行为和社会使命相挂钩，既保障了问题发生时的快速反应与诚恳沟通，又提高了公众对脸书的容错率，最终成为运用媒商化解危机的典范。

一、十余人团队打理的脸书账号

和其他社交网站创始人的隐居幕后不同，扎克伯格的个人社交账号有着很强的存在感和功能性。他不仅会发布公司新闻、介绍产品功能，还在积极地为个人形象和企业运行做公关。浏览他的主页，可以明显感受到，所有的内容都是精心设计过的。

这当然不是他一个人的功劳。

2014 年年底，扎克伯格在全球旅游的时候发现自己的照片和公司的新闻混合地出现在自己的主页上，他开始意识到“需要管理自己在虚拟世界的形象”，一个多达 12 人（甚至更多）的个人形象管理团队应运而生。《商业周刊》曾对此评价道：“CEO 身边有一位公关形象经理是很正常的，可是扎克伯格聘请了整整一支团队去运营自己的 FB 账号，这是非同寻常的。”

这支非同寻常的团队会帮助扎克伯格斟酌推文，及时回应粉丝评论，还会删除主页上的骚扰性评论和垃圾信息，让他的个人账号随时“保持完美在线”。团队中的重要一员，是知名纪实摄影师查尔斯·翁曼尼，他因为给《华盛顿邮报》拍摄一系列难民照片而声名鹊起，现在被扎克伯格招入麾下，随时跟拍他的工作出行和生活细节：妻子怀孕、女儿学步、狗狗洗澡、周末出游……通过专业的摄影照明，扎克伯格把精心挑选的一举一动都放在个人主页上与全球粉丝分享。

与此同时，扎克伯格的个人形象和公司形象逐渐融合，并被粉丝们所习惯：前一张是和女儿躺在地板上做拉伸的照片，后一张很可能就是用户增长数据图。粉丝们看到了一个劳逸结合、态度积极、平易近人的公司 CEO。

南加州大学公共关系中心主任弗雷德·库克对此表示：“我还从来没有见过哪个商业领袖能像扎克伯格一样，既能发个人分享，又发布公司新闻，而且还能把形象维护得这么好的。”库克曾为亚马逊的杰夫·贝佐斯和苹果的史蒂夫·乔布斯提供过公关服务，后两者显然不像扎克伯格那样积极主动地公开私生活。[1]

除了日常点滴之外，扎克伯格还有计划地在脸书上发布固定内容，小到发帖介绍每一次的产品负责人碰头会，大到更新他设定的 2017 年度挑战目标——走访美国各州，与当地民众会面。

在他的全美之旅中，每到一地，他的公关团队都会给他拍下大量的照片，编写文字然后发到个人账号上：探望看护中心的药物成瘾者，与穆斯林学生一起讨论人生，与中部小镇居民共进晚

1 网红不好当：扎克伯格有 12 人团队帮其管理 Facebook 文章和评论［EB/OL］. http://www.sohu.com/a/124698611_114921.

餐……他表示，想通过这种方式深入了解经常使用脸书用户的点滴生活，而这场“用户调研”也成了他利用脸书账号所进行的大型公关活动。

在他账号上经常出现的中国内容，也体现了他很明确的公关意图。尽管中国尚未开放脸书注册，却并不影响他表达对中国的善意和对网民市场的觊觎。作为中国女婿，扎克伯格坚持练习中文，逢年过节会携妻女一起用中文问候华人用户；2015 年 9 月，他与访问美国的中国国家主席习近平见面，之后立即发布了自己与习近平的合影；2016 年 3 月，他在账号上发布了一张自己在雾霾中的天安门前跑步的照片，令所有大陆网民印象深刻。这些举措都让人感到：扎克伯格远非嘴上说说喜欢中国，而是真的在表现诚意，努力尝试理解中国。

作为一家改变世界的科技公司的 CEO，扎克伯格明白自己的一言一行都和整个企业的形象密不可分，他选择通过个人账号，将品牌的目标、使命、调性具象化为自己的个人形象，在不断聚集个人影响力的同时，也为企业公关打造了最佳发声平台。

二、快速反应，诚恳沟通，突出使命

除了常规的形象维护功能，在面对危机公关时，扎克伯格的个人账号也发挥着重要作用。事实上，媒体早已将扎克伯格和脸书画上等号，每一次危机发生时，敲下定锤的声明都是来自他本人。回顾扎克伯格的一系列举措，可以发现在处理危机时，他的做法有着清晰的三段式逻辑：快速反应，诚恳沟通，突出使命。

2016 年 2 月，印度的电信部门对脸书上的一款名为 Free Basics 的应用发出禁令，一名脸书的董事成员安德森对此极为不满，声称这个决定是一场会给印度经济造成灾难的“反殖民主义”

活动。

这些涉及“殖民”的敏感言论很快在网上引发争议，有网友直接将 Free Basics 称作“互联网殖民主义”，扎克伯格在第二天发表帖子紧急救场。他在公开信的开篇就表示“安德森的言论令人深深不安，并不代表脸书和我本人的想法”。随后他陈述了自己对印度这个国家的感情，并指出“我曾在印度旅行过，印度人的人性、精神和价值观给予我灵感”，最后他强调了自己长久以来坚持的公司使命，即“脸书希望协助连接所有人，帮助他们发声以塑造他们自己的未来”。并表示公司会尊重印度的历史和文化。

而在 2017 年 4 月，一名男子在脸书上直播了他枪杀 74 岁陌生老人的全过程，这起“杀人直播”事件引发网民强烈的反感，很快在全球范围内闹得沸沸扬扬，而脸书的内容审查制度一瞬间成为了众矢之的。

事实上，根据脸书提供的时间显示，工作人员在接到举报后只用 23 分钟就冻结了发布视频的账号，并撤回全部视频。扎克伯格在随后的 F8 开发者大会上也提到这起事件，他首先承认，公司需要在治理平台不良内容方面做出改善，“我们还有很多工作要做，我们会不断尽己所能地避免这种悲剧重演”。然后对受害人家属进行慰问，“我们的内心与老罗伯特·古德温（受害者）的家人和朋友同在”。几天之后，扎克伯格在个人脸书账号上就此事再度发帖，他表示，脸书就是要建立一个“让世界更开放、互联程度更高”的全球性的社区，为了让这个社区更好，公司计划在一年内招募三千人加入运营团队来监管整个脸书社区，以防止相关事件再次发生。

想要让世界更开放，赋予更多人话语权，这件事的反面必然是虚假新闻和内容尺度的把控，脸书一直在受这个问题的困扰。

对于这个问题，扎克伯格首先发帖表示，脸书上超过 99% 的信息是真实的，改变大选结果是“不可能”的。他坦言，无论从技术角度还是哲学角度都很难处理这个问题，但脸书不想让自己成为真理的仲裁者，而是会依靠社区和第三方来解决这个问题，例如为被举报的虚假新闻打上“争议”标签，来提醒用户审慎阅读。在公开信的最后他写道，“结论是：我们会严肃对待错误信息的问题。我们的目标是将人与他们发现的最有意义的文章联系在一起，我们知道人们想要准确的信息”。

总结之后不难发现扎克伯格的危机公关套路：首先是快速反应，第一时间表明公司立场；其次是诚恳沟通，从自身角度传达情感态度；最后是突出公司的使命，强调公司一切行动的最终目的都是为了对世界做出贡献。而这套做法也恰恰体现出快速、平等、开放、分享的互联网精神。

这多少让人想起来 2008 年 2 月脸书的一次危机：当时公司对“服务条款”做出变更，其中有一条“可以随意使用我的信息，永远都是”遭到消费者联盟的抗议。不到 24 小时，这个抗议就得到了扎克伯格的回应，他承诺会暂时启用旧版服务条款，并邀请用户参与一个群组，讨论如何撰写服务条款。

扎克伯格在声明的结尾说了一番很少能从 CEO 嘴里听到的话：“历史告诉我们，当决策者和受决策影响者之间形成透明、公开的对话时，才能最公正地管理国家制度。我们认为这个规则同样适用于公司。”[1]

不得不说，扎克伯格一直在用理性平和的态度处理危机，也许用户不会在第一时间全部满意，但一定可以感受到他的诚意。

1　沈从乐 . 危机公关：什么样的道歉是有效的？［J］. 第一财经周刊，2012（9）：81.

图 9-1　一个足够强大的企业家人设，是一道危机公关的稳固防线，足以挡住大部分质疑

三、强调“给予者”属性

从上文可以看出，扎克伯格公关思路的落脚点，永远是公司的使命，这也往往是他演讲的主题。为什么他总要把“使命”挂在嘴边？答案是通过将企业目标公共化，更容易获得公众的信任。

心理学家艾德温·霍兰德曾提出“特殊信用”理论，他用这种理论来解释领导力。领导者通过帮助团体达到目标和遵从团体规范，可以获得团队的信任和在团体中的影响力。领导者对团体的帮助越大，对团体规范越尊重，他获得的特殊信用积累就越多，影响力也越大。而在获得了很高的特殊信用之后，当这个领导者做出了偏离预期的行为，比如做出了一件同团体规范不相符的行为时，团体对他的容忍程度也很高。

这个理论能解释，为什么社会能接受德高望重之人的偶尔离经叛道，但对年轻人的叛逆行为却容忍度很低，也能解释为什么有的公司偶尔做了一些错事，公众很快就会原谅，有的公司却总是被揪住不放。[1]

很显然，这也是为什么扎克伯格很少谈企业盈利，而更在意用户增长曲线的原因，因为他将“把企业做大”的实际目标美化成“让脸书为社会做出贡献”的使命感。

沃顿商学院教授亚当·格兰特在他的著作《施与受》中，曾提出：公司分为两种，一种是给予者，总在强调自己可以为社会做点什么；另一种是索取者，总在想办法让社会为自己做点什么。相比自私的“索取者”和从不白帮忙的“对等者”，“给予者”可以给组织带来更多的价值。拥有“给予者”属性的公司，在犯错的时候，更容易被公众认为其是无辜的；而“索取者”属性的公司，即便做出了无私举动，也会被看作另有所图。

为了更加强化自己的“给予者”属性，扎克伯格早在 2012 年就加入了著名的“1 美元年薪俱乐部”，将自己的基本工资降为 1 美元。他在自己的创始人公开信中，也多次阐明公司理念：“每天早上醒来，我们的首要目标不是赚钱”，而是“为了完成一项社会使命——让世界更为开放互联”。后来，这一使命进化为“为全球社区构建社会基础设施”，因为“在一个物理社群逐渐消亡的世界，我们更应该加强网络社群的建设，这样才能稳定整个社会架构”。

除了对外宣扬的价值观，扎克伯格在企业内部也树立起一套行为准则，有助于他构建“特殊信用”和“给予者”属性。他的工位在拥挤的办公室中间，没有独立的房间，这样更有助于与员工沟通交流。而公司也鼓励“以下犯上”，扎克伯格每周会固定在公司食堂举行 CEO 问答大会，先介绍公司近期发生的重要事

1　为什么有的公司不怕公关危机［EB/OL］. https://baijiahao.baidu.com/s?id=1573310511327657&wfr=spider&for=pc.

件，然后回答员工的任何提问。公司内部也以开放温和的氛围著称，员工可以随心所欲制作标语海报，贴在公司墙上。当然，这一切点滴都被记录在了他的脸书账号上。

有了这些光环加持，外界逐渐对扎克伯格和脸书形成了特定印象，因此在出现问题后，当扎克伯格解释道“这是积极的价值观所带来的瑕疵结果”时，也更容易被公众理解和接受。

课后总结

读到这里，相信你也会意识到，扎克伯格绝不是《社交网络》电影中那个穿着连帽衫和拖鞋、不懂人情世故的技术宅男，相反他在处理媒体关系和营造媒介形象时有着极高的媒商。

他的故事让我们再次确认经营个人渠道的重要性，也让我们学习到如何对企业定位进行包装和维护。当问题发生时，通过有影响力的个人渠道发声，及时表达诚意，积极强调使命，你也会在不知不觉中提高了媒商，“收买”了人心。

扎克伯格的故事基本上从来没有改变过。他的给予者属性、脸书的开放态度，这些都作为核心信息，不断地通过他个人以及公司，通过专业团队对外释放。信息传递的渠道，包括探望看护中心的药物成瘾者，与穆斯林学生一起讨论人生，与中部小镇居民共进晚餐，公司食堂的问答大会等。媒商，并不是只与媒体相关，而是广义的媒介。

每个人都该认真地审视个人对外的信息发布。如果想让信息顺利地传递和到达，就需要选择合适的渠道，并对内容进行“翻译”，用受众感兴趣、能听懂的话去讲故事。

从这个角度来说，媒商之于企业是团队的，之于个人也是一种整体的、综合的素质体现。

重点阅读：让你的信息像军队一样

在全媒体时代，人们与媒体互动的概率大大增加，每个人都会接触媒体，并且随时都有接受媒体采访的可能性，每一个人都有可能是某个事件当中的主人公。当我们开始意识到这点，就要开始对自己的策略、技巧、机构的团队准备以及个人媒商的提升等方面做好准备工作。稍不注意就有可能将错误的信息或信号传递出去，让自己或所属机构处于不利环境。

你需要像打一场战争一样准备你的军队和弹药，将你的信息组织起来，并且有针对地、有步骤地释放出去。

✧ 媒商要求机构和个人都要有信息边界意识

机构和个人都要有信息边界意识——对机构和个人对外品牌形象的总体把握和就某个具体新闻事件对外沟通的统一说法。

在制定策略前，要先问自己以下问题：当前要解决的事件的性质是什么？为什么会发生？对谁会产生多大的影响？我们的基本态度是什么？后续会采取哪些措施？接受媒体采访，首先要预测尽可能多的记者问题，写下你认为采访中将会被问到的问题，对媒体可能问到的关键问题进行准备。对于与己方观点相反的意见，同样要进行收集和整理。对反方观点的论据和案例进行分析，查找可能的漏洞。以突发事件为例，媒体往往关注事实，即何时何地何人发生了什么事？事件原因，为什么及怎样发生的？以及结果，是否有人员伤亡或是对某事件的调查结果是什么？

关键信息的准备需要经过机构内部协商，结合社会关注热点，准确表达机构在该事件上的观点、态度或措施；要把重要的信息放在最前面，行文要简洁，陈述事实，避免情绪化观点呈现。关键信息的发布要求整个事件处理部门安排统一的出口发布消息，保证消息的权威性和有效性。

每个层次的信息需要动用的资源、发布的渠道都会不同。

主动公开的信息，需要整合机构和个人现有对外传播资源，尽可能地覆盖广泛。同时，对于内容要经过精心地包装，针对不同媒介渠道特性，用他们喜欢的方式和措辞传播出去。

是否公开两可的信息，这些信息往往是机构和个人不希望人们主动关注的一部分信息。这些信息有可能是一个有争议的内部政策或规定，有可能是突发事件现场一个不合时宜的决定。这些信息一旦发布出去，不会对机构和个人产生重大的负面影响。机构需要做好预案，一旦公开就应当立刻回应，并且迅速地扩大传播范围。

不宜对外公开的信息，往往是一些发布后会引发新问题的信息。对于机构和个人来说，显然集中精力处理一种突发情况更好，所以对这类信息要进行严密的保护。但这些所谓的保密信息，不应当与重要的公众利益相悖，否则就有掩盖之嫌。

信息禁区。这类信息一旦发布，会对机构和个人产生爆炸性的影响。我们鼓励机构和个人更公开地回应舆论的关切，特别是一些与重大公众利益密切相关的事情，绝不应当隐瞒。事实上，很多事例告诉我们，这些事最终也是瞒不住的。

四个层次的信息，并非都是一成不变的，而是流动的，会根据事件发展情况变化。在事件发生之初，略显敏感的信息可能会在事件发展后期，成为必须要主动传播的内容。

我们当然希望，越来越多的机构和个人可以尽量地压缩那些不好说、不能说的信息范围，以更公开的态度去面对公众。

✧ 学会运用日常信息监测以及处理的 MICE 策略

MICE 策略，即由 Monitor（监测）、Investigate（调查）、（Communicate）沟通和 Evaluate（评估）等步骤组合而成。

Monitor。古人云，知己知彼，百战不殆。作为机构和个人，需要及时地掌握媒体和网民对自己的看法、评价和态度。现在有非常丰富的品牌监测数据平台可以供大家使用。媒商实验室数据平台（http://www.mediaqlab.com）就可以帮助你看到每天网络上的实时信息情况。你可以知道谁报道了你，谁在网上谈到了你的名字。我们甚至可以告诉你，热点事件中信息传播的路径是怎样的。哪些媒介渠道谈论你最为积极？他们的关键词是什么？有了这些信息，你就可以更精准地做出判断。

Investigate。对外沟通时，更像是在打一场信息战。谁手里掌握的信息更为全面、更为准确，谁获胜的可能性就更大。反之，就可能遭遇一些预料之外的信息攻击。对自身业务的熟悉和掌握是胜利的基本前提。一旦发现媒体和公众对某个特定议题有所关注，一定要迅速进行内部调查。发生危机时，迅速地进行内部自查是必需的动作。危机发生有时是内部原因导致的，有时是受外因激发导致。无论是哪种因素导致了危机事件，在面对危机时我们都要落实“内观”这一环节，认真分析和检讨在以往经营服务中存在的问题。这些细节问题有可能就是危机发生的催化剂。在危机处理过程中，最了解我们的人应当是我们自己，而非是媒体和公众。一旦内部信息没有彻查清楚，意味着会有各种隐形的信息炸弹。

Communicate。对外沟通是一场综合“战役”，是一场信息战，是在密切监测与详细调查之后做出的战略选择。对外沟通时，需要明确每一次沟通的对象与要达成的目标。同样的信息，需要针对不同的沟通对象，进行措辞以及风格上的转换。

每一次对外沟通，都是复合型沟通，尽管有众多受众，但依然要选择合适的战略重点目标以及时机予以配合。在进行对外沟通时，可以借鉴前面的5W方法（第三课、第四课的课后“重点阅读”）。

为了能让你们紧张和重视起来，我们就套用战争相关的一些词汇来描述一下对外沟通的几种形式。

闪电战：就一件突发事件或者突如其来的负面新闻，在进行充分准备的情况下，选择战机，公布切实可靠的反驳证据，迅速结束战斗。

持久战：就某一个标签化或处理过程漫长的舆论热点话题，收集尽可能丰富的事实、数据以及细节，分阶段释放，要保持足够的耐心，逐步收回失地。

游击战：如果在一个舆论场上与我们相关的有多个热点，不妨采取游击战术，各个击破。同时在流动战斗过程中，还可以同步为自己争取更多时间。

歼灭战：对于与机构和个人密切相关的谣言和不实信息，需要下定决心予以歼灭，表达明确和坚决的态度。

局部战：在某一次事件处理过程中，筛选重点沟通目标。该目标或是事件的始发媒体或是在其中扮演了重要的角色，同时又应具备足够的影响力和公信力。有针对性地与之进行沟通，将起到事半功倍的效果。

需要强调的是，对外沟通应是一次积极主动的沟通，是一次准备充分的沟通，而非带着对抗意识、敌对意识去打嘴架。在沟通过程中，唯一的“敌人”是那些不实的传闻、谣言以及误解和偏见。

Evaluate。在每一次对外沟通后，需要对传播效果进行评估，同时对机构和个人形象进行诊断。在评估时，也需要改变单一的评估思维。并不是整件事情处理结束后，所有人都“夸”你就是好的，有人还在批评你那就是不好的。特别是在负面事件发生后，机构和个人形象都会受到一定损害。然而，形象修复并不能急于一时，而应当根据实际情况，保持足够的耐心。

很多人经常会问，一件事怎么能说“好”？事实上，事情做坏了，就是坏了，产生的负面影响难以通过沟通来迅速消除。把坏事说成“好事”，是很多人的错误认识。我们说，言行合一。行为层面做了措施，语言层面也应保持一致，该认错就需要及时认错。既然不能通过沟通“把坏事说好”，那么为什么还要主动回应？一方面，是要满足利益相关方的知情权，某种程度上这是机构和个人当下的义务和责任；另一方面，则是可以通过沟通争取公众的理解和支持，为以后的工作开展奠定良好的民意基础。《论语·为政》有云：“人而无信，不知其可也。”危机处置过程中，言而有信是建立公信力的基石。如果承诺不能践行，那么就将在后续处置过程中丧失信任，损害品牌。负面事件发生后，损害已经不可避免，但让公众相信机构和个人有修复错误的能力，是形象修复的基础。

课外故事：美联航的“血泪”教训

2017 年 4 月 9 日，在芝加哥奥黑尔国际机场，美国联合航空公司（美联航）飞往肯塔基州路易斯维尔的一趟航班因超额售票，要求 4 名乘客推迟行程将座位让给其工作人员，其中一名亚裔医生因拒绝而被机场警察强行拖下飞机，导致其嘴部受伤流血，精神受到刺激。

当晚，机上乘客将手机拍摄的视频上传至社交媒体后，旋即引发轩然大波，美国和世界各地的网友纷纷抨击美联航及机场警察违反乘客权益，相关视频点击短时间内即已突破百万。白宫官网还上线了“十万人请愿”的项目，人们要求联邦政府彻查美联航。

美联航暴力逐客，引发舆论和社交网络掀起怒怼之潮。而美联航在后续的处置措施和表态，被人们称为是史上最差的公关案例，是一种“品牌自杀”。

美联航首席执行官穆尼奥斯的三次表态成为美联航在此事上的处理主线。穆尼奥斯的第一次表态被舆论描述为“不疼不痒”“云淡风轻”。在声明中，他说这件事令全体美联航员工“感到难过”（upset），并为重新安置（re-accommodate）乘客这件事感到抱歉，却丝毫没有提及当中出现的暴力行为，更加没有直接对受害的医生进行道歉。

如果说这份声明只是缺乏诚意，那么第二天被曝光的内部邮件中穆尼奥斯的表态却让网民和媒体感到异常的愤怒。在邮件中，穆尼奥斯捍卫航班 3411 上员工的行为，认为他们“完全是按照程序办事”。“起初他们礼貌地请该乘客下机”，但是该乘客“开始提高声线”，并且有“骚扰和好斗”行为。最后“员工百般无奈下只能与乘客进行身体接触，把乘客移出飞机”。

这种人前人后的表态不一，让美联航和穆尼奥斯遭受到更广泛的批评和质疑。全球消费者在社交媒体上纷纷宣布抵制美联航，不少人在社交媒体上转发各种取消航班订单、剪碎美联航信用卡的图片。一些乘客吐槽自己以前乘坐美联航的糟糕经历，包括美联航处理问题的傲慢态度。

4 月 11 日，在舆论重压之下，穆尼奥斯第二次道歉了。他在给全体员工的声明中这样说道：“在航班上发生的这起可怕的事件已激起我们所有人的反应：愤怒、生气、失望。对于这些我感同身受，最重要的是我要对发生的一切致以最深的歉意。同你们一样，我也仍将会因这架航班上所发生的事情而不安，对于被强行拖走的那名乘客及机上的所有其他乘客，我深表歉意，没人该被这样对待。”他表示：“我希望你们了解，我们将负起全部责任，我们也将致力改善。”穆尼奥斯还说，做正确的事永远都不晚，并承诺在 4 月 30 日前给出内部审查结果。

同日，美联航发言人格林也表示，当天美联航机上的 70 个位子确实是满的，但是航空公司没有超额售票。北京时间 4 月 11 日 17 点 25 分，美联航的股价报 67.8 美元，下跌 3.72 美元，跌幅 5.2%，最低至 67.45 美元，跌幅近 5.7%，近 13 亿美元（约合 88 亿元人民币）市值蒸发。

4 月 12 日，穆尼奥斯在当天美国广播公司播出的“早安美国”节目中表示，他观看保安 4 月 9 日把美联航航班上一名亚裔乘客拖拽出飞机的视频后，感到“羞耻”。他再次对这名乘客及其家人以及其他乘客表示道歉。穆尼奥斯表示，今后美联航将不会动用安保人员把已经登机入座的乘客强行带离飞机。“今后这种事将永远不会再发生，我保证，”他说。美联航同一天宣布，将因这起事件向这架飞机上全体乘客提供赔偿，每名乘客可选择领取与机票价格等值的现金或获得里程积分等。

有媒体评论称，在一家公司失去公众信任后，道歉可能是恢复信心的第一步。企业领导还需要为错误承担责任，并做出道歉。在穆尼奥斯做出全面道歉之前，首先要确定他应该道歉什么。这位老板发给员工的电子邮件把太多过错归咎于被拖拽的乘客，而对把乘客强行拖下飞机的芝加哥机场保安人员过于客气。文章称，企业的责任延伸至向它们供应和以它们的名义提供服务的人员的行为。

穆尼奥斯在此次事件中的糟糕表现受到了广泛质疑。讽刺的是，事件发生之前不久，穆尼奥斯刚刚被授予“年度最佳沟通者”称号，以“美联航 CEO”为关键词的推特达到 149 000 条。4 月 21 日，美联航表示，2018 年，公司首席执行官穆尼奥斯将不再自动获得董事长头衔，甚至有可能被减薪。

全媒体时代，面对媒体和公众传递信息，不再是一件可有可无的事情，相反应该在机构和个人已经被挤满的日程表上“强制”留出专门的时间去学习和练习。说得好与不好，也不再是简单的评价问题，而是最终会影响机构和个人最核心的利益，可能是股票市值，也可能是每个月到手的工资。

每一位员工都成为传递企业价值的渠道

把员工当家人

不开除涉事员工　　给员工成长空间

关怀企业员工

考虑到全部利益相关方

承认一直存在相关问题

主动发布负面信息

公布每一项措施责任人

出台具体处理措施

长期在官网公布处理公告

周全的处置方案

三小时内快速认错

五小时后纠正问题

两天内完善管理系统

掌握信息发布节奏

危机管理系统

每一位消费者都成为企业口碑的推动者

标杆式的服务态度　真诚的沟通方式

人情味的服务

第十课
无形的公关不是一日炼成——海底捞的故事

课前引导

在十堂课中，火锅品牌海底捞是我们唯一选择的一家企业。就像那个著名的段子所说：“世界上没有什么事是一顿火锅解决不了的，如果有，那就两顿。”海底捞，号称是一家没有公关部门的企业。但在日常的品牌维护和突发的负面危机事件中，在网络舆论动辄口诛笔伐，尤其是对食品安全问题零容忍的今天，却又往往能全身而退，不得不让人深思。

近年来，但凡与食品安全问题有所牵扯的餐饮和食品企业往往都元气大伤。而海底捞却能在危机爆发时果断出击，最后甚至收获理解和支持——它不仅是餐饮服务业的标杆，更是危机管理的高手。

2017 年 8 月底，记者暗访海底捞后厨发现食品安全管理问题。网络舆论迅速发酵，但最后的结果却让很多人感到意外。一些网民甚至称海底捞为业界良心。有专家对于网民的“宽容”无法理解，认为是一种非理性的放纵。但从传播效果来看，海底捞在事发后的信息传递非常有效，网民从态度、措施层面都全盘接受。当负面新闻发生时，海底捞不仅有着独到的应对体系，还能用自己的坦率真诚持续圈粉，扭转舆论风向。

对于海底捞而言，维护公关不只是一个部门的工作，而是需要高层领导、一线员工乃至顾客集体参与的事情。我们一起来看，海底捞是如何将人化为渠道，让好口碑建立于无形中。

一、自成章法的危机管理系统

海底捞 1994 年诞生于四川简阳，用了二十多年的时间从一个三线城市的小火锅城，发展成我国最知名的直营餐饮品牌火锅店，它的成功与其高效的管理模式密不可分。当危机发生时，管理层总能通过自成章法的处理方式，平稳地度过危机。

最近的例子是在 2017 年 8 月 25 日，《法制晚报》的记者在海底捞卧底四个月后，发出了一篇引起网络刷屏的报道：《记者暗访海底捞后厨：老鼠爬进食品柜　漏勺掏下水道》。文章曝光称，海底捞北京的两家门店卫生环境堪忧，老鼠在后厨乱窜、扫帚簸箕与餐具在一个池子清洗、洗碗机内部积累了一层油污、员工用顾客使用的火锅漏勺掏下水道……向来标榜食品加工储存流程干净、专业的海底捞一下子成了众矢之的。

事情发生后，海底捞连发三次公开信，进行了诚恳道歉，并公布了一系列处置措施，很快扭转了舆论风向，仅仅用几天的时间就从口碑沦陷的境况成功“逆袭”。回顾海底捞的这次危机管理，可以发现有以下几个要点。

1. 掌握信息发布的节奏

事件曝光后仅仅 3 个小时，海底捞就发布了第一封道歉信；两个小时后，又发布了 7 条处理通报；两天之后，跟进了关于积极落实整改、主动接受社会监督的声明。

在道歉信中，海底捞主动承认媒体披露的报道属实，并表示公司一直在处理这样的卫生安全事件，对这次的曝光感到十分惭愧和自责，感谢社会各界的关心和监督。

在通报信中，海底捞公布了对此事件具体的处置措施以及每项措施的负责人，并表示董事会承担责任，涉事员工无须惶恐，引发网友热议。

声明信中，海底捞强调会全面加强员工培训，全面梳理管理系统，将整改效果透明化，邀请社会各界继续监督。

总结这三封公开信，时机上，三小时内快速反应，遵循了舆情处理的“黄金 4 小时”法则，在负面舆论发酵之前及时发声；内容上，先是态度上认错，再是对问题的纠正，最后是对管理系统的完善，层层推进，刀刀见效，遵循了舆情处置规律；风格上，每封信都言辞恳切真诚，不扯皮不推诿，和它出色的服务态度保持一致。发布节奏和逻辑堪称“教科书级”，被网友归纳为 12 字：这锅我背，这错我改，员工我养。

2. 具体周全的处置方案

在危机公关界，卖萌抖机灵、转移注意力等方式，也许会在某些时机奏效，但真正实打实的危机管理一定会包含具体的行动承诺。海底捞在它的公开信中就公布了足够多的处理细节，可以经得起外界检验。

在事发 5 小时后的第二封通报信中，海底捞在最短的时间内出台了一系列具体措施，包括：聘请第三方公司，对卫生死角进行排查除鼠；主动向政府汇报，配合政府开展阳光餐饮工作；对监控设备进行硬件升级，实现网络化监控；欢迎媒体朋友到门店检查监督，提出意见；与第三方虫害治理公司研究整改措施等。

更重要的是，海底捞还公布了每一项措施的具体责任人，包括公司总经理杨小丽，公司副总经理杨斌，公司董事施永宏、苟逸群、袁华强……既让“相关负责人”变得真实可见，力证会落实整改措施，还呼应了下文中“员工无须惶恐，责任由董事会承担”的承诺。

此外，海底捞还考虑到了企业运营中需要平衡的全部利益关系，按照主次顺序，针对消费者、政府部门、媒体和员工提出解决方案。用周全的表述，有条不紊地将损失范围控制到最小。

3. 主动公布负面信息

海底捞还做了一件看似“给自己拆台”，实际上是“给自己积口碑”的事情：长期在官网上公布自己的负面信息。

海底捞在第一封致歉信中就承认过，公司每个月都会处理类似的卫生安全事件，处理结果也会告于公众，大家可以在公司官网和微信公众号中查询类似事件的处理结果。

点开海底捞官网的食品安全公告信息，可以发现自 2016 年 1 月 1 日起，海底捞就一直在持续公布公司对食品安全检查的处理公告，包括检查出食材过期、设备未清洗，或是监控发现水果房员工倒完垃圾不洗手就直接操作等“黑幕”。这些一般企业要想办法藏着掖着的“家丑”，一旦曝光完全可以被外界拿来生产负面新闻，但海底捞居然能够做到定期主动公示，这不是随便一家企业敢于做出的选择。

这样看似有风险的自我曝光，显示了海底捞重视安全管理的决心、对自己下狠手的勇气，以及良好的认错态度。它没有在公开信中玩文字游戏，用“仅”“只有”这些限定词将被曝光的事件限定为孤例，反而承认一直有类似的问题，但一直在努力改正问题。这样的坦诚足以激发消费者的好感和信赖。

二、关怀员工的企业基因

在海底捞对外公布的处置措施中,有一句最圈粉的话就是“涉事门店的干部和职工无须惶恐,你们只需按照制度进行整改。该类事件更多是深层次的管理问题,主要责任由公司董事会承担”。管理层主动承担全部责任,没有开除一名员工。

通常来说,大家已经习惯了企业在发生负面新闻时,让“临时工”“实习生”“第三方”或者“当事人”充当替罪羊,快速甩锅撇清关系。但海底捞却反其道而行之,没有任何表面托词,直指事件的根源问题:企业管理制度不完善。

在公众面前保员工,一般的企业也许做不到,但海底捞却可以。因为它一直坚持着“将员工当作顾客来服务”的企业文化。

海底捞开始做大之后,董事长张勇曾经提出过自己的价值观排序:第一,创造公平公正的企业环境;第二,让农村出来的孩子能够通过自己的双手改变命运;第三,才是把海底捞做大。

所以,每一个到海底捞的员工都可以凭借自己的勤劳努力实现人生价值。服务员有权免费为客人送菜;员工提出的创意一旦被采纳会用自己的名字命名,像在火锅店提供眼镜布、头绳、手机套等创意,都是来自服务员;每个人都能公平地争取晋升机会,海底捞的副总裁袁华强就是从传菜门童一步步做到高层。

除了给员工成长空间,海底捞在企业内部实施人性化和亲情化的管理模式,向来以员工高福利著称:公司为员工解决住宿,宿舍距离门店步行不超过 20 分钟,里面家具一应俱全;建立寄宿学校,解决子女教育问题;每个店员有 12 天年假,公司报销往返火车票;给店长的家长发工资,子女做得越好,父母拿到的工资越多……

在这样“把员工当家人”的企业环境中,有数据显示,海底捞的员工流动率一直保持在 10% 左右，而中国餐饮业的平均流动率为 28%。员工的坚守背后，是对企业的忠诚和热爱，毕竟很少人会说自己的“家”不好。

就在海底捞“老鼠门”事件爆发后第二天，有杭州的网友说出了自己的经历。当自己问服务员：“你们家出了这么大的负面消息，我们还来捧场，有什么折扣优惠吗？”服务员回答:“抱歉，作为服务员我没有折扣权限。”过了一会儿,他端过来一盘酥肉说:“这盘酥肉送给你，这是我作为服务员的最大权限了。”可见，公关不仅要高层重视，中层配合，更重要的是一线员工做得好。毋庸置疑的是，正是海底捞关怀员工的企业基因，让他们可以一起渡过难关。

员工作为与消费者直接接触的企业载体，他们的态度和形象直接影响到消费者的观感，所以企业善待员工，一方面能够提高生产经营效率；另一方面也能间接地对消费者产生作用。当员工真心表现出对公司的热爱和维护时，每一位员工就都成为了传递企业价值的渠道。海底捞用一种看似高成本的管理模式，将员工打造成企业“行动的广告牌”，让每一位员工成为海底捞口碑营销的推动者。

也正因如此，在危机事件中海底捞依旧坚持爱惜员工的原则。在海底捞的社会形象落入低谷的时刻，它“员工我养”的承诺显得丝毫不刻意，也一定程度上为它挽回了口碑——公众也知道，心系员工的企业，不会对消费者太差。

三、唤起顾客的人情味回忆

大家对于口味的喜好见仁见智，但很少会有人否认海底捞的真诚。无论是在海底捞日常的营业服务中，还是在它危机时刻的表现上，诚恳的态度贯穿始终。

海底捞更早经历的一次曝光事件是在 2011 年 8 月，有记者暗访后报道称海底捞存在骨汤勾兑、产品不称重、员工偷吃等问题，彼时刚刚被捧成“人类无法阻止”的海底捞，瞬间从口碑巅峰跌落。

在这次危机中，海底捞在 24 小时内发布三封公开信，对勾兑问题进行说明和解释。除此之外，海底捞董事长张勇在报道的第二天也发微博进行回应，这条微博就是典型的“海底捞式真诚”：

“菜品不称重、偷吃等根源在流程落实不到位，我还要难过地告诉大家我从未真正杜绝这些现象。责任在管理不在青岛店，我不会因此次危机发生后追查责任，我已派心理辅导师到青岛以防该店员工压力太大。对饮料和白味汤底的合法性我给予充分保证，虽不敢承诺每一个单元的农产品都先检验再上桌，但责任一定该我承担。”

张勇的话开诚布公、质朴自然，没有夸下海口做出保证，而是实在地承认公司从来没有杜绝这些的问题。并且在“丢车保帅”才是主流做法的商业逻辑中，他选择自己承担责任，还格外重视员工的心理压力。和 2017 年的曝光事件一样，海底捞诚恳的态度和对员工有人情味的处理手段。成功唤醒了人们对它人情味的回忆。两次危机中，大多数人“当然选择原谅海底捞”，用餐高峰时段，多家海底捞店生意依旧火爆，许多顾客仍然需要等位。

中国的消费者，见过太多类似“纯属捏造，已由相关律师进行处理”或者“已追责相关责任人”的冷冰冰的回应。而海底捞的不抵赖、不狡辩、坦率负责，一下子激发起了人们的同理心，食品安全问题看似没有解决，实际上早已被海底捞彻底“解决”。

图 10-1　企业媒商不是一个人一个部门的事，消费者、员工都是企业传递信息的渠道

一个品牌的最大资产，就是用户的无条件信任。海底捞之所以能在几次危机中转危为安，最重要的原因就是平日积累下的消费者口碑。

多年以来，“海底捞”已经成为“体贴周到的服务”的代名词，微博上流传着无数关于“海底捞的服务有毒”的段子，知乎上也有数不清的关于“海底捞的服务能好到什么程度？”的回答。

有顾客随口提了一句肚子痛，服务员会特地告诉后厨煮一锅姜汁可乐；看到有人一个人吃饭，员工不仅会陪聊，还会放一个玩偶在她对面陪伴；下雨送伞，过生日表演变脸，甚至会帮顾客扎双马尾……虽然一些服务有点过度周到，但海底捞从上到下一直在用心提升用户体验，这样贴身又贴心的“超级服务”，让光顾过这里的顾客一次又一次走向这家餐厅。

这也是为什么，当负面新闻曝光时甚至会有自媒体主动发文为其“洗地”。微信公众号“小道消息”就发文力挺海底捞，因为“做餐饮的谁经得起‘暗访’”，并且“海底捞是我见过服务行业中员工快乐指数最高的”，“我相信海底捞会对自己更严格”，“如果吃火锅，我还是选择海底捞”，这篇文章阅读数到了 10 万 +。得意时的追捧固然好，失意时的支持才显得尤为可贵。

可见，海底捞用长期以来真诚的沟通方式和标杆式的服务态度，让消费者们成了企业的“自来水”，无论在巅峰时还是低谷里，都会有消费者自发为海底捞站台，成为一条条企业传播的渠道。

课后总结

海底捞的故事告诉我们，公关不是靠一个有形的部门刻意经营的，而应该是在日常的积累中无形存在的。全媒体时代，高层、员工甚至普通用户，都可以成为企业的传播渠道，在顺境时锦上添花，在逆境时雪中送炭。要达到无形的公关，需要用持续稳定的价值观打通每一条传播路径，这不只要靠说得好，做得好才是前提。

从这个角度来说，媒商不仅是一种对于舆论的敬畏，还是沟通背后的诚意所在。全媒体时代，任何谎言和套路，都将无所遁形。而传递信息，不仅在于一时一刻的成功，还在于建立长久的信任。

当有形的公关，与实际行动贴合，成为时刻的无形的公关；当应付危机的努力，转变为沟通的诚意，个人和企业的媒商才能得到真正的体现。

重点阅读：危机发生后如何在舆论场上"卡位"

危机事件发生后，快速、积极以及诚实应对是最基本的原则。恐慌、惧怕这些并不能帮助你，反而会让你忙中出错，昏着频出。

假如在一个站满了人的电梯上，电梯突然停止了。如果所有人原地不动，电梯一会儿会恢复正常，或者大家有序地走上台阶，这样都不会出问题。结果人群中有人说了句："电梯坏了，会把人卷进去。"所有人都慌了，开始疯狂地拥挤，造成一起严重的踩踏事件。

危机发生后，真正的危险来自失控。一旦针对机构和个人的负面印象固化，那么将造成破坏性的打击。人们将会失去信心，失去信任。所以，危机发生后，最不能做的事情，就是恐慌和惧怕，而要主动承担起应有的责任，以建设性的眼光去解决问题，通过不断地沟通，来挽回机构和个人的形象。

✧ 你知道"第一时间"是多长吗

在危机事件发生后，一个常见的词汇是"第一时间"。很多机构和个人都使用这个词汇来显示其重视和高效。然而，你知道第一时间是多长吗？第一时间内，你又可以做什么？

处理危机的第一要素就是透明度和速度。过去人们常说，危机处理两小时见分晓，也就是说，危机发生两个小时内的表现，就可以基本为危机管理的成功或失败定调，成功者往往能化险为夷，为下一步补救工作赢得公众同情和支持，有时甚至是一个极好的改善公关和提高品牌形象的机会，所谓"塞翁失马，焉知非福"；失败者则往往是火上浇油，造成不可收拾的局面。当然，在网络时代，两小时也成了奢侈品，成功的危机管理需要的是建立“瞬间信任”(moment of trust)。如果是个人，那你的“第一时间”越短越好，在你能说话的时刻，马上、迅速、立刻回应；如果是机构，要走流程，要各种审批，需要的时间更长，但两个小时内也需要有个基本说法。

第一时间内，内部调查可能才刚刚开始，我们并没有过多的内容可以对外宣称。但是，还是要学会在舆论场上“卡位”——占住位置，让人们知道你的存在，知道该去哪里获取你的信息。

接下来，媒商会告诉你，第一时间可以说什么，用什么样的信息去“卡位”。

✧ 快速表达态度

我们曾经在第六课“重点阅读”中用了大篇幅来讲态度的重要性。危机事件发生后，快讲态度是如此重要。人们需要看到你在态度层面上的关注和重视，这让公众在此事中的参与有了更多的价值和意义，让公众本身也感觉受到肯定。如果在态度层面上不回应，人们会进行各种揣测。比如为什么你不回应？到底哪里心虚？你是不是不屑于回应？我们是否要让质疑的声音更大才会逼迫你出现？任何一种揣测，都不会对你有帮助。

✧ 诚恳陈述事实

陈述已知事实是危机事件处理的必经环节，但是很多时候，事件主体或是因为有难言之隐或是想要逃避责任，将部分已知事实隐瞒。当事实的主要部分被隐瞒后，在信息不畅通的情况下，公众的不确定感就会增加。高度的不确定信息是滋生谣言和消极情绪的土壤。如果危机事件是重大灾害时，信息的封闭很容易造成谣言的传播。封闭的信息环境也是滋生群体极化的土壤。因此，坦诚、真实、公开地陈述已知事实非常重要，同时应尽快地建立沟通渠道，打破封闭的信息环境。

✧ 重点论述措施

传播是为了什么？是为了获得同意，要与公众进行有效沟通。而改变关系，才能获得同意。在危机发生后，公开措施细节，明确告诉公众，我已经做了什么，我还打算做什么，实际上就是一种改变关系的尝试。这种公布信息的潜台词就是在说，咱们不是对立的关系，而是合作的关系。

一个危机事件从发生到结束是一个不断变化的过程。事件的解决措施在整个危机事件处置的生命期中处于重要的地位，公众不仅关注事件的发生原因，更加关注事件的解决措施，关注这些措施能否真正解决自己的问题。

“言行合一”——如果说态度是说出来的，措施才是真正说服对方的、更有可信度的“行”。在措施层面，机构和个人不能抱有侥幸心理。对方施加压力，措施就多一些，力度就大一些；舆论压力小了，措施就轻描淡写。你要坚信，公众的眼睛都是雪亮的，任何一丝的搪塞都会被发现。尽管有时表态会意味着要在一段时间内付出额外的经济成本，但却能修复机构和个人长期的品牌形象，修复与公众之间的信任关系。

✧ 谨慎公开结论

“这是临时工干的”“犯错的是我们的前员工，目前已经离职”“这次事件只是个案”……如果你细心，你会发现，在很多热点事件中，一些机构和个人都会快速地抛出结论。绝大多数情况下，这个结论一定是对机构和个人有利的，仿佛能将问题最小化似的。但实际上，这些结论又往往得不到公众和媒体的认可，反而有可能引发新一轮强烈的质疑。

在 MICE 策略（详见第九课“重点阅读”）中，我们建议机构和个人一定要在出现问题后迅速地进行内部调查。调查一定需要花时间。在极短的“第一时间”内就能得出的结论，很难让人们感到信服。

所以，危机发生后，要谨慎公开结论。因为你的结论，有可能会成为新的话题引爆点。

课外故事：BP 的“前车之鉴”

2010 年墨西哥湾石油钻井平台爆炸事件可谓一个经典案例。2010 年 4 月 20 日夜间，位于墨西哥湾的“深水地平线的钻井平台发生爆炸并引发大火，约 36 小时后沉入墨西哥湾，造成 11 名工作人员死亡”。该钻井平台由英国石油公司（BP）租赁。此次漏油事件造成了巨大的环境和经济损失。同时，也给美国及北极近海油田开发带来很大的影响。受漏油事件影响，在美国距事发地点较近的各州先后宣布进入紧急状态。由于该事件影响范围广泛，影响程度深刻，因此也受到很强的舆论关注，英国石油公司在舆论指责中首当其冲。

在对漏油事件的处理中，英国石油公司最开始采取封堵消息的方法，在事故前期处置过程中，BP 从公司发言人到 CEO 唐熙华（Tony Hayward）基本上是支支吾吾，答非所问。他们对媒体和公众强调的是：“等事件调查结束后我们会公布真相。”BP 领导人被美国媒体讽刺为“被石油裹住了嘴的海鸟”。

而备受争议的还有 BP 公司在阻止石油泄漏时乐观的表态与失败的补救措施之间形成的强烈对比，以及故意对事情的严重性轻描淡写。

5 月 11 日，《卫报》的一篇文章引用唐熙华的话说 ：“墨西哥湾很大，与那里的水体相比，泄漏的原油和我们喷洒的驱散剂很少。”

他承诺 BP 将“锁定”这场灾难。“唯一的疑问就是什么时候。”来自数位科学家的报告说，墨西哥湾 5 000 英尺以下出现了巨大的油柱。针对这些发现，唐熙华于 30 日再次表示，“石油都在表面。没有什么油柱”。

做出承诺，实现了是英雄，如果一再失败就是骗子。一开始，BP 使用大型钢筋水泥罩来堵住漏油。这一方法宣告失败后，BP 又试图使用一个更小的、更能切合漏洞的“大礼帽”来完成这一任务，但再度失败。之后 BP 又祭出“灭顶法”，唐熙华称这一方法成功率达 60%~70%，但这一方法还是没能成功。

随着事态的恶化，5 月初，唐熙华开始走向前台。他承认公司在“初期犯了几个小错误”，包括对受害人的赔偿等问题。5 月中旬他改称 BP 对漏油事件“绝对负有责任”。唐熙华在 5 月 13 日接受少数媒体采访时承认，公司没有阻止石油泄漏的相关技术，事后才明白 BP 应该对此类紧急事故做更充分的准备。这一表态实在令人吃惊。作为最大的深水石油钻探公司，BP 竟然对阻止深水石油泄漏如此黔驴技穷。

“到现在看来，要么他非常愚蠢，要么就是不诚实——但可以肯定的是，不值得信任。”《华盛顿邮报》记者、获得 2009 年普利策新闻奖的尤金 • 鲁滨逊在《是时候给 BP 的 CEO 一脚》一文中写道。

BP 公司在陷入舆论旋涡之后，采取了一系列有效和具有创新性的补救措施，但仍然无法化解其在事故前期糟糕应对所带来的负面效应。5 月初，BP 首次向外界公布了一段 30 秒的水下石油泄漏录像。 之后又在网站上开始直播海底石油泄漏情况。在 5 月

3 日 BP 发布声明称“将会承担起所有必要的石油清除费用”和“所有正当的赔偿费用”，并积极采取各种补救措施。自该日起 BP 公司努力做到信息公开并及时和相关利益者进行沟通，公司的发言人不时地出现在各大主流电视媒体向人们发布救援的相关信息。

在这期间，BP 公司聘用了美国前能源部发言人安妮・沃马克为其美国媒体关系负责人，展开了新的公关攻势，投入 5 000 万美元广告经费为挽救品牌形象进行新一轮的尝试。6 月 5 日 BP 公司在谷歌、雅虎等搜索引擎上投放关键词广告，购买了一些关键词如“漏油”“漏油索赔”，当人们搜索这些关键词时第一个出现的就是 BP 公司官方主页，点击后便进入 BP 为此次事件设立的相关专页。

如果承诺无法实现，再做广告只能再一次激起公众的愤怒。据美国相关机构统计，自 4 月 20 日发生漏油事件至 7 月底，该公司共支出 9 300 万美元广告费，每周平均广告开销超过 500 万美元，是去年同期广告费用的 3 倍多。有评论称，这些数据侧面证明了 BP 对公司品牌形象的注重和努力，比重视实际安全环境保护工作可能投入得更多。

2011 年，据美联社获得的文件显示，前英国石油公司（BP）首席执行官唐熙华正面临来自美国联邦政府的指控，称其在墨西哥湾漏油事件期间违背了披露英国石油公司泄漏到海里的石油量的承诺，并指责唐熙华此举是为了对当时英国石油公司不断下跌的股价提供暗中支持。

2015 年 7 月，英国石油公司与佛罗里达等四个受影响州达成协议，支付 187 亿美元（约合人民币 1 160 亿元）和解。这是美国历史上最大规模的公司和解案。

课后的话：

媒商是发给觉醒者的优先牌照

我们用十堂课的时间介绍了媒商这个概念，介绍了信息传递的 N 种方法和策略，还有一些实用的技巧。真诚地希望这些故事和知识，能对你的生活有帮助。

去年这个时间，我写了《媒商——全媒体沟通实战手册》。那本书面向已经觉醒的机构和专业人员。他们在这个新的媒介时代，已经感受到了种种外在的舆论压力以及内在的沟通阻力。即使是身经百战的演讲家，也未必知晓在非演讲的公共场合该如何公开回应；即使是拥有几万员工的大企业掌门人，也未必知晓一旦企业遇到危机，自己该担负起何种“说话”的责任。在遇到压力的那一刻，在寻求解决办法的那一刻，他们率先觉醒了。

然而，一年来，我们觉察到了另外一种责任和压力。当热点出现，公众的目光，不仅仅局限在少数的机构和个人身上，而是以话题、信息为核心自发地延展。在这个过程中，越来越多的普通人惊惶着、仓促着被卷入其中。媒商并不属于少数机构和个人，而是当下全媒体时代每个人都需要的能力。这本《媒商十堂课》，我和新加入的伙伴香凝则尝试着将这个概念推广至和每一个人相关。

媒商是发给觉醒者的优先牌照。十堂课里的成功者们用他们自己与众不同的实践方式理解、适应甚至改变当下的媒介时代。

他们不仅在媒体面前，还在机构运营过程中，在演讲时刻，在企业内部促进共识达成等，都在通过媒商发挥着影响。

什么样的人会更早觉醒？那些乐于接受新知识的人，无疑身在此列。他们的心永远是敞开的，是在向外部世界主动索求着的。2017 年夏天，我面对着几十位某系统负责宣传的领导讲课。课后，酒店一个实习的服务生和我的同事说，他觉得这个概念特别好，他要学习。我的同事说，小伙子一直站在会场上认真地倾听。这让我非常诧异，也非常感动。我说，你听；你说，别人听——这也是一种特别的缘分。

什么样的人会更早觉醒？那些已经深受切肤之痛的人们更急于寻求解决办法。眼前的挑战和困难让他们不得不去学习各种知识。而在学习的过程中，他们不仅能够理解、运用，还会将此扩展、延伸，到最后总结出属于自己的一套办法。

什么样的人会更早觉醒？当然包括那些天生就聪慧的、敏锐的人们。本书里列举的人物中就有此类。他们天生就能够吸引公众的关注，知道如何塑造自己美好的形象，知道如何让信息更有效地到达。当然，即使是天才，也需要磨炼。外在的挑战会激发你身上的潜力。只是我们希望，在遇到挑战之前，深具天赋的你就能够提前知晓媒商这个概念，预估到可能的困难情形，提前做好准备。

一堂课上，我经常会关注台下观众的眼神。有的人眼神发亮，有的人则是懵懂。一本书前，也会有人迫不及待地阅读，有人还在迟疑。这时，我希望你拥有一颗开放的心，习惯用建设性地思维去看到矛盾和挑战，愿意去挖掘你身上的潜力，你就是那个觉醒者。

书的最后，我要谢谢出版社和我的编辑。正是在他们的激励下，我们又勇敢地做了这次尝试。我要谢谢新加入的伙伴香凝，她的思路敏捷、文笔优美，让我们的概念变得更有魅力。我要谢谢媒商实验室的伙伴们。这一年，我们拥有了自己的数据平台（http://www.mediaqlab.com），设计了更让人胆战心惊的实战对抗演练形式，还为许多合作机构提供了效果不错的策略和方法。感谢她们愿意跟随我一起，在这个全媒体时代，做一个特立独行的团队。

李　颖